Suresnes
PSOE 1974

Suresnes
PSOE 1974

Aurelio Martín Nájera

Editorial **Pablo Iglesias**

© de esta edición, julio de 2024
Editorial Pablo Iglesias
Quintana, 1 - 2º A
28008 Madrid
teléfono: 91 310 43 13
editorial@fpabloiglesias.es
www.fpabloiglesias.es

Maquetación y producción:
Nemac Comunicación

Material fotográfico y documental del Archivo y Biblioteca
de la Fundación Pablo Iglesias

ISBN: 978-84-123909-7-1
Depósito legal: M-14995-2024

El papel utilizado para la impresión de este libro es cien por cien libre de cloro
y está certificado como papel ecológico.

ÍNDICE

Agradecimientos

Quedo en deuda con los compañeros y amigos José Martínez Cobo, Antón Saracíbar Sautúa y Enrique Moral Sandoval. Con los trabajadores del archivo de la Fundación Pablo Iglesias, Aurelio Martín López, Rodrigo Lucía Castejón, Carlos de Usera Rodríguez y Remedios Jiménez Nieto y con María Luisa Carcedo Roces, presidenta de esta Institución, por haber hecho realidad la publicación de este libro.

Prólogo
José Martínez Cobo

En 1847 se editó en París *Historia de la revolución francesa*, del profesor Jules Michelet, quien desde la dirección del sector histórico de los Archivos nacionales de Francia y a partir de la amplísima documentación existente sobre dicho período revolucionario, construyó con detalle y no poca pasión su trabajo historiográfico, lo cual, cierto es, le costó las críticas de algunos historiadores. Recuérdese que su extraordinaria obra mereció la pluma traductora de Vicente Blasco Ibáñez, reeditada en 2008 con el patronato de la Fundación Pablo Iglesias. El lector de este volumen comprenderá que haya iniciado las páginas prologales que su autor me ha confiado aludiendo a las significativas similitudes entre él y Jules Michelet, pues Aurelio Martín Nájera, profesor y Doctor de Historia contemporánea por la Universidad Complutense de Madrid, no solo ha dirigido largamente, desde 1978, el Archivo y la Biblioteca de la Fundación Pablo Iglesias, de la cual hoy es director emérito, sino además ha manejado, al igual que Michelet, con gran entusiasmo, dedicación exquisita y enorme provecho los archivos a su custodia directiva para llevar a cabo numerosas publicaciones de palmario rigor científico y crédito. Hoy nos ofrece una nueva entrega de muy considerable interés, centrada en el XIII Congreso del Partido Socialista Obrero Español, más conocido por el nombre de Suresnes, localidad a las afueras de París, celebrado en el otoño de 1974, precisamente coincidiendo con su quincuagésimo aniversario. Los estudios historiográficos de Aurelio Martín de historiador vienen avalados por la solidez de sus investigaciones, como fue el caso de Michelet, tarea que afronta siempre con objetividad, y un evidente entusiasmo, diríase que con pasión desbordada, pero controlada por las riendas de la rectitud. Y todo ello, bajo el compromiso militante, dilatado durante más de medio siglo y el empeño de contribuir a la reconstrucción del socialismo español.

Aurelio, en su concepción más completa de lo que debe ser un archivista, siempre ha ofrecido generosamente su ayuda a cuantos autores o historiadores a él se acercaban en busca de datos o confirmación de hechos, esenciales para el estudio de la historia del PSOE y de su clandestinidad durante el franquismo. Su saber se fundamenta en la familiaridad suya con los archivos y la documentación que ha centralizado, paso a paso, recopilando testimonios orales o escritos, así como sumarios de los desgraciadamente tan numerosos procesos de la dictatura contra los socialistas. Soy testigo privilegiado de su dadivosidad, durante la elaboración de nuestro reciente *El retoñar del fénix. Exilio y clandestinidad del PSOE*, que igualmente puede corroborar, entre otros, Gutmaro Gómez Bravo autor *Hombres sin nombre. La reconstrucción del socialismo en la clandestinidad (1939-1970)*. A Aurelio le debemos su extraordinaria idea de confeccionar el *Diccionario biográfico del socialismo*. Se trata de una obra producto de rigurosas investigaciones, que rinde justicia histórica y reconocimiento tanto a los innumerables militantes anónimos del PSOE –quienes constituyen la intrahistoria socialista, según acuñamos en su momento–, como a las organizaciones socialistas, y constituye una fuente de consulta, preciosa e ineludible, de información para cualquier historiador. Con extraordinaria paciencia y minuciosidad Martín Nájera ha consagrado varias décadas a su afán archivístico e historiográfico. Hoy lo hace presentando el histórico, casi mítico, que vino a denominarse por su significación congreso de Suresnes que me cupo el honor de presidir y como tal testigo de excepción y condición, quiero suponer, Aurelio me ha solicitado estas líneas, antesala a su estudio.

Es sabido que aquella cita congresual que era la XIII del PSOE y la XXVI de toda la historia socialista, se abrió el 11 de octubre de 1974. Hasta entonces todos los congresos se habían celebrado en Toulouse, sede de la comisión ejecutiva, salvo el de 1961 que se convocó en Issy les Moulinaux, también barriada de la capital gala. Las autoridades francesas habían prohibido su celebración en Toulouse. Esto no extrañó, pues ya se había prohibido la prensa exiliada en Francia; eran tiempos en los que el gobierno francés correspondía así a la colaboración hispana contra los rebeldes militares franceses, que habían intentado asesinar al general De Gaulle. Precisando aún más: en 1974, la prohibición había desaparecido, pero en Toulouse, desde el XII congreso, ya no había ejecutiva, La mayor parte de ella había sido trasladada a España y en París existía una delegación, la cual organizó con éxito el congreso contribuyendo a una mayor audiencia internacional mientras España asistía, como se sabe, a momentos transcendentales.

¿Fue acaso el congreso de Suresnes el principio o el final de la renovación del Partido?, ¿una refundación?, ¿el final de una etapa e inicio de otra? Estas interrogantes han sido para el debate. Como expuse conjuntamente con mi hermano Carlos, siempre presente en mis escritos, aunque difunto, en el otoño de 1974 se superó en Suresnes una etapa políticamente dolorosa, pero en la que cupo la ejemplar enseñanza, la imprescindible experiencia y la praxis política de los veteranos, junto a la comprensión del relevo generacional que culminó con la transmisión efectiva del legado socialista a la generación siguiente. Ciertamente los primeros brotes de la renovación, necesaria e inevitable, surgieron a principios de los años sesenta. Nos referimos a los proyectos de los dirigentes de las Juventudes socialistas... Aquella bien llamada "renovación" en absoluto fue fruto de enfrentamiento entre los socialistas de dentro y de fuera de España, o una lucha sin cuartel entre generaciones como se ha llegado a decir. Convendrá añadir, al paso, pues suele olvidarse, que tras Suresnes el PSOE adoptó el simbólico puño y la rosa, concretamente el puño izquierdo, distinguible del símbolo del Nuevo partido socialista francés de Mitterrand. Aunque no sustituyo el histórico yunque y pluma.

Desde la reorganización en Toulouse en 1944, se había proclamado que el Partido seguía en España, pues solo los militantes socialistas se habían exiliado. Y cuando la represión obligó la dirección tolosana a representar la totalidad de la organización, no cesó en señalar como uno de sus deberes prioritarios mantenerla para poder transferirla intacta y operativa llegado el momento. No era diferente la preocupación de los renovadores, –aunque estos no aceptasen esperar la llegada de la libertad, contrariamente a los seguidores de Rodolfo Llopis–, para transmitir su partido a las nuevas generaciones. Esa entrega fue lo que se cumplió definitivamente en Suresnes, y que se había iniciado en el XI congreso de la UGT de 1971, frecuentemente olvidado por los historiadores, aunque allí se sentó la transmisión democrática de la dirección al interior por los votos del exilio y concretado al año siguiente en el XII del Partido en 1972. Cabe precisar, por lo demás, que ningún militante o dirigente del exilio albergaba entonces cualquier ambición política institucional personal ulterior, lo que también es válido para los más señalados dirigentes de la clandestinidad presentes en Suresnes. La parte exiliada de la organización que participó en el congreso parisino tenía el convencimiento de que el exilio estaba agotado, después del larguísimo tiempo de destierro transcurrido y de tanta estrategia política ciertamente utópica. Repárese en el hecho de que el afiliado que salió de España con treinta y cinco años tenía más de setenta en Suresnes, Finalmente el traspaso definitivo de poder al socialismo clandestino que supuso Suresnes justificaba todos los sacrificios acumulados por dirigentes y militantes del exilio.

Al conmemorarse el cincuenta aniversario del congreso de Suresnes, Aurelio Martín subraya muy acertadamente la importancia de los congresos del PSOE desde su fundación, regularmente y reglamentariamente. Idéntica voluntad tuvimos mi hermano Carlos y yo al destacarla en los dos volúmenes de los debates de los congresos celebrados en el exilio: en treinta años se realizaron trece congresos ordinarios y uno extraordinario a pesar de las considerables dificultades de la particularísima situación de destierro.

Pero cabe plantearse la pregunta siguiente ¿Han guardado la importancia pasada nuestros recientes congresos y la guardarán los que vengan? En realidad al plantear la pregunta comunico mi inquietud. No temo que nuestro partido abandone sus procedimientos democráticos, lo que temo es que los transforme, al aire de nuestro tiempo actual, de tal manera que retire a la militancia gran parte del valor que tiene que guardar. En otros terminos: cuando introducimos el sistema de primarias para la elección de nuestro secretario general, ¿ no pusimos limites y restamos importancia a los debates congresuales? Al leer las peripecies de la elección de Felipe Gonzalez en el congreso de Suresnes, el lector entenderá perfectamente que esto es hoy irrepetible. ¿Pero quién puede negar que dio extraordinarios resultados? Si el sístema de primarias hubiera existido cuando se celebró el XXVIII congreso del partido, el que debatió del marxismo, ¿ qué hubiera ocurrido ?

En definitiva, el lector apreciará no solo el vasto conocimiento del historiador Aurelio Martín Nájera expresado en este bien informado y articulado trabajo, sino también la información y la exégesis sobre las que se asienta su estudio, sin duda alguna imprescindible para comprender en su justa dimensión y significancia el congreso de Suresnes, momento clave de la historia del partido socialista. Aderezo de la sustancia de esta obra son, por último, las muy apreciables reflexiones sobre el pasado y presente del PSOE del autor y las que a su vez suscita. En verdad, habrá quien al abrigo del elogio o disenso sobre los hechos y posiciones políticas de los actores de la historia socialista, desde Suresnes hasta hoy, apuntada por el autor, contribuya con su parecer a comprender la singular marca de una más que centenaria organización abierta a cualquier opinión y planteamiento argumentado dentro de los cauces del respeto y de la disciplina, señas propias de identidad de los militantes de las organizaciones políticas y sindicales socialistas, indiscutiblemente democráticas.

José Martínez Cobo, 2024

Preliminar

El lector tiene entre sus manos una obra fundamentalmente documental sobre el XIII Congreso del PSOE en el exilio celebrado en Suresnes-París (Francia) del 11 al 13 de octubre de 1974. En este libro se recogen todos los documentos generados por el Congreso: Comisión de credenciales; acta y anexos al acta del Congreso; Comisión de escrutinio de elección de la Comisión Ejecutiva; representantes internacionales presentes y resoluciones o acuerdos del Congreso. También reúne documentación previa al Congreso: tres capítulos de la Memoria de gestión de la Comisión Ejecutiva (organización; prensa y propaganda y relaciones internacionales), el reglamento de los Congresos y las instrucciones e información sobre los preparativos del Congreso.

Se completa con la relación de los 244 participantes en el Congreso (delegados y miembros de la Comisión Ejecutiva y del Comité Nacional). La identificación de los mismos resultó sencilla para las Secciones del exterior, al haberse conservado las credenciales de estas con los nombres de los compañeros que las iban a representar en el Congreso. Por el contrario, ha sido una tarea ardua y complicada para los delegados que asistieron al Congreso por las Federaciones del interior, al haberse destruido en el momento, por razones evidentes de seguridad, las credenciales que estos presentaron ante la Comisión de Credenciales del Congreso. Esta identificación ha sido posible gracias al trabajo desarrollado durante años en el marco del proyecto de investigación *Diccionario Biográfico del Socialismo Español 1879-1975*.

Por último, se incluye un capítulo inicial en el que se plantea la elección de Felipe González como primer secretario del PSOE en el Congreso de Suresnes en 1974 como el inicio de una nueva etapa en la historia del socialismo español, que concluyó en 2014 con la elección de Pedro Sánchez como secretario general del PSOE.

1. Suresnes en la historia del socialismo español

"En Suresnes empezó otra historia". Con estas palabras finalizaba Pablo Castellano un artículo publicado en octubre de 1984 sobre el XIII Congreso del PSOE en el exilio celebrado en Suresnes, a las afueras de París, del 11 al 13 de octubre de 1974[1].

En Suresnes, con la elección de Felipe González como primer secretario del PSOE, se inició una nueva etapa en la historia casi centenaria del PSOE, que concluyó, según nuestra opinión, con la elección como secretario general de Pedro Sánchez en las "primarias" de 2014.

Pero, como veremos en las páginas que siguen, las fechas 1974 y 2014 son más simbólicas que reales. El comienzo de esta nueva etapa debe situarse en agosto de 1972, cuando se reunió en Toulouse el XII Congreso del PSOE en el exilio, en el que se produjo la escisión del Partido al no acudir al Congreso parte de la Comisión Ejecutiva del exterior, con el secretario general Rodolfo Llopis a la cabeza[2].

Agosto de 1972 significó el triunfo de la organización clandestina del PSOE en España sobre la organización del exilio mantenida "numantinamente" durante más de 33 años. Pero también evidenció el relevo generacional en la dirección del Partido, la sustitución de los dirigentes que habían sido protagonistas de la guerra civil por una nueva generación, del interior y del exterior, que habían sufrido sus consecuencias, pero que por su edad no estaban condicionados por la contienda bélica.

---

[1]   *El País* 14 de octubre de 1984.

[2]   En el apartado 3 puede seguirse documentalmente lo que exponemos en estas páginas y más exhaustivamente puede verse en el libro de Carlos y José Martínez Cobo. *La segunda renovación: Intrahistoria del PSOE*. Volumen IV.- Barcelona: Plaza & janes, 1991.

En el exterior, una segunda generación entró en escena desde las Juventudes Socialistas (Manuel Simón, Carmen García Bloise, Manuel Garnacho, María Luisa Fernández, etc.) apoyada en jóvenes procedentes o en ese momento en la emigración (Jesús Mancho, Miguel Ángel Martínez) y otros no "tan jóvenes" (Carlos y José Martínez Cobo, Paulino Barrabés...) enfrentándose a las estructuras anquilosadas del exilio, incapaces de apreciar los cambios que se habían producido en España y de comprender que el país que ellos dejaron en 1939 no tenía nada que ver con el que existía a comienzos de los años setenta. Tomaron contacto con los jóvenes del interior durante los Cursos de Verano que desde mediados de los años sesenta organizó la Federación Nacional de Juventudes Socialistas de España en Carmaux y otras localidades francesas y decidieron prestar una atención especial a la emigración económica que trasladaba desde España a Europa a miles de jóvenes en busca de un porvenir económico que se les negaba en su país.

En la decisión del interior de "desafiar la autoridad" del secretario general influyó determinantemente el apoyo recibido de Ramón Rubial. Este, después de meses de dudas, ya que sabía que este paso podía producir, como así fue, la escisión del Partido, finalmente avaló la postura de sus compañeros del interior frente a la dirección exterior del PSOE.

Rodolfo Llopis, apoyado por la Sección del PSOE de México (controlada por los "prietistas" Ovidio Salcedo y Víctor Salazar) intentó parar este proceso de renovación que era inevitable, pues el predominio de la organización del interior sobre la del exterior y el relevo generacional, se había producido ya anteriormente, "sin sobresaltos" y democráticamente, en la organización hermana la UGT, en su XI Congreso en el exilio celebrado en Toulouse en agosto de 1971.

El período de agosto 1972 a octubre 1974 es un tiempo de "transición". El XII Congreso decidió que la nueva Comisión Ejecutiva del PSOE fuese "colegiada", sin secretario general, y estuviera compuesta por nueve miembros del interior y cinco del exterior. El Congreso eligió a estos últimos y dejó para más adelante, para el primer Comité Nacional que se celebrara, la designación de los componentes del interior.

Del exterior fueron elegidos: Juan Iglesias Garrigós (secretaría de Organización); Francisco López Real (secretaría de Relaciones Internacionales); Fernando Gutiérrez Lerchundi (secretaría Administrativa); Arsenio Jimeno Velilla (secretaría de Prensa y Propaganda) y Carmen García Bloise (secretaría de Formación del Militante).

La parte de la Comisión Ejecutiva del interior fue oficialmente designada en el Comité Nacional celebrado en Bayona los días 17 y 18 de marzo de 1973. En realidad fue "ratificada", porque sus nueve miembros funcionaban como ejecutivos desde la conclusión del XII Congreso y eran los mismos que, desde agosto de 1971, formaban parte de la Comisión Ejecutiva de la UGT: Nicolás Redondo Urbieta y Eduardo López Albizu (Vizcaya); Enrique Múgica Herzog (Guipúzcoa); Agustín González García y Marcelo García Suárez (Asturias); Pablo Castellano Cardalliaguet (Madrid), Felipe González Márquez y Alfonso Guerra González (Sevilla) y Joaquín Jou Fonollá (Barcelona).

Suresnes culminó en 1974 un proceso de renovación en la dirección del socialismo español que se había iniciado en las Juventudes Socialistas y producido en la UGT en los años anteriores.

La "primera gran tarea" que tuvo la Comisión Ejecutiva del PSOE, denominado como sector "Renovado", fue lograr el reconocimiento de la Internacional Socialista frente al sector llamado PSOE "Histórico" y de otros grupos socialistas, como el Partido Socialista del Interior (encabezado por Enrique Tierno Galván), que también pretendían incorporarse a la Internacional Socialista. En esta tarea jugaron un papel principal Francisco López Real, por el exterior y Pablo Castellano por el interior.

Después de numerosas reuniones y visitas a España de delegaciones de la Internacional para intentar "calibrar y medir" la implantación de cada grupo, el Buró de la Internacional Socialista, en reunión celebrada el 6 de enero de 1974, decidió que:

El décimosegundo Congreso del PSOE celebrado en Agosto de 1972, fue un Congreso adecuado, legítimo y legal, y la Comisión Ejecutiva elegida por aquel Congreso es por consiguiente el representante legítimo del Partido Español, miembro de la Internacional Socialista.

El 31 de marzo siguiente, el Buró de la Internacional rechazó el recurso presentado por Rodolfo Llopis y la solicitud de ingreso del PSI[3].

Dimisiones en la Comisión Ejecutiva del PSOE

En el exilio siguió publicándose *Le Socialiste,* cuyo primer número tras el Congreso apareció el 21 de septiembre de 1972 (nº 537) continuando la numeración y el formato que tenía antes del Congreso. Apareció en estas condiciones hasta el nº 544 (28 de diciembre de 1972) y desde el nº 545 (11 de enero de 1973) hasta el nº 555 (31 de mayo siguiente) en formato reducido 30x21 centímetros.

Para el interior se editaba un periódico de ocho páginas tamaño reducido y papel biblia, cuyo primer número después del Congreso apareció en octubre de 1972. Los textos los confeccionaba un Comité de Redacción formado en Sevilla. El contenido se enviaba al exilio, allí se imprimía y después se enviaba a España para ser distribuido por las Federaciones del Partido. Entre octubre de 1972 y mayo de 1973 se publicó mensualmente, editándose además un número extraordinario en noviembre de 1972 dedicado al sistema penitenciario franquista.

Los problemas entre el secretario de Prensa y Propaganda del exterior (Arsenio Jimeno) y los compañeros responsables de la Prensa del interior (Sevilla) fueron inmediatos, pero no fue hasta abril de 1973 que Felipe González dimitió como secretario de Prensa del interior y el Consejo de Redacción de Sevilla declinó toda responsabilidad en la tarea de confección del citado periódico.

---

[3] Memoria de gestión de la C.E. Apartado Relaciones Internacionales, p 8.

¿Cuáles fueron las causas? Estos alegaron las siguientes: la no publicación de artículos enviados por la Secretaría de Prensa y Propaganda y su Consejo de Redacción en el interior; el firmarse artículos que fueron enviados sin firma y la inserción de artículos que el Comité de Redacción no había enviado ni tenía conocimiento de ellos.

A partir de abril de 1973 desaparecieron de la Comisión Ejecutiva los dos sevillanos Felipe y Alfonso. Este último había dimitido por motivos personales después de acudir a la reunión de la Comisión Ejecutiva del 6 y 7 de enero anterior. Según cuenta en sus *Memorias* por "sentido de la culpabilidad", al haber marchado a Bayona a una reunión del Partido, cuando su madre se encontraba gravemente enferma[4]. Desde entonces será Ernesto (Guillermo Galeote), que era suplente de Felipe, el que representará a Sevilla en la Comisión Ejecutiva.

Alfonso dejó de asistir a las reuniones, en cambio Felipe, como se puede ver en el siguiente apartado dedicado a la participación del interior en la Comisión Ejecutiva del PSOE, siguió apareciendo "intermitentemente" en las reuniones del Comité Nacional y de la Comisión Ejecutiva. Ambos siguieron actuando como si fueran "ejecutivos" aunque en teoría estaban dimitidos[5]. De hecho, acudieron con credencial de delegados al Congreso de Suresnes, porque "no las tenían todas consigo" y así se aseguraban poder intervenir en el Congreso, y la paradoja más grande fue que estando dimitido, fue Felipe quién presentó el infor-

---

[4] A. GUERRA. *Cuando el tiempo nos alcanza: Memoria (1940-1982)*.- Madrid: Espasa Calpe, 2005, pp. 128 y 129.

[5] Nicolás Redondo, en el libro *Felipe González: De Suresnes a la Moncloa* (Madrid: Novatex, 1984), p. 70, habla de estas dimisiones en los siguientes términos "En marzo del 73 se produce la dimisión de Felipe González, precedida por la de Alfonso Guerra. Yo no tengo demasiados elementos de juicio sobre estas dimisiones porque entonces estaba en la cárcel... Los motivos de estas dimisiones, en fin, nunca los he tenido claros, al menos los de uno". Felipe fue a la cárcel de Basauri-Bilbao en la que se encontraba Nicolás a comunicarle su dimisión, y Enrique Múgica, en *Itinerario hacia la libertad* (Barcelona: Plaza & Janes, 1986), p. 119, afirma "Tanto Felipe como Alfonso siguieron colaborando con nosotros, en la misma intensidad en que lo hacían antes de dimitir y no se adoptaron resoluciones importantes sin que su opinión fuese requerida y tenida en cuenta".

me político de la Comisión Ejecutiva ante el XIII Congreso del PSOE por acuerdo del Comité Nacional reunido el día anterior al comienzo del Congreso.

El 14 de junio de 1973 comenzó a publicarse un único *El Socialista* que se difundía en el interior y el exterior (fusión de *Le Socialiste* y *El Socialista*), publicado en Bruselas con la ayuda de los socialistas belgas. A efectos legales figuraba como editor responsable André Leonard y el domicilio de la redacción y administración era PSB. Bd del Emperador, 13, en Bruselas.

El enfrentamiento exterior-interior por *El* Socialista se abordó en el Comité Nacional de carácter extraordinario convocado en Toulouse el 11 de agosto de 1973. Según el acta del mismo asistió la Comisión Ejecutiva en pleno "a excepción del compañero Felipe, dimitido"[6] que, sin embargo, participó en la reunión exponiendo las razones de su renuncia, que son las que vimos en líneas anteriores.

Respondió a su exposición Arsenio Jimeno, diciendo que:

1.º Los artículos no insertados no lo fueron porque no los recibió.

2.º Los artículos incluidos en *El Socialista* que no fueron enviados por la secretaría de Prensa y Propaganda, los insertó el mismo debido a que estando el número en imprenta recibió un aviso de que faltaba material para completarlo.

3.º En lo que respecta al artículo en que se puso la firma "Betis", lo hizo porque se atacaba a un miembro de la C.E. y esta no puede atacar públicamente a un miembro de la misma sin previa reunión o acuerdo de la C.E. El publicar el artículo sin firma significaba que su contenido era la posición oficial del partido y por ello fue firmado previa consulta con otros miembros de la C.E. del exterior[7].

---

[6] Se dice que "los compañeros Marcelo y Agustín de Asturias no pudieron acudir estando presentes sus suplentes", pero de Alfonso Guerra no se hace mención, ni como presente ni como ausente.

[7] El artículo en cuestión se titulaba "El veto del Ministerio" y trataba de las elecciones a la Junta de Gobierno del Colegio de Abogados de Madrid, a la que se presentaban cuatro candidaturas. En el texto no se menciona a ningún miembro de la Comisión Ejecutiva. La única frase que puede resultar "ofensiva" es contra Enrique Tierno Galán, que encabezaba una de las candidaturas y al que se calificaba como "sedicente socialdemócrata".

4.º Un pequeño artículo sobre Israel fue suprimido, ya que en el mismo se tachaba al estado de Israel de estado fascista, mientras la posición oficial del partido siempre ha sido la de apoyo al pueblo judío.

Finalmente el compañero Jimeno propuso al Comité Nacional que no fuera aceptada la dimisión del compañero Felipe.

Después de una larga discusión, en la que "Sevilla", llegó a proponer "nombrar director del periódico al compañero Felipe, el cual sería el único responsable del mismo, pudiendo asistir este a las reuniones de la C.E. con voz y sin voto, ante la cual rendirá cuentas únicamente", y tras una breve pausa, durante la cual se reunió la Comisión Ejecutiva, se reanudó de nuevo el pleno en el que se aprobó la siguiente propuesta de la C.E. por 15 votos a favor, 8 en contra y 5 abstenciones[8]:

El Comité Nacional después de analizar las consecuencias lógicas de la unificación de los dos órganos de prensa, encarga a la C.E. la reorganización de los servicios de dirección dando prioridad absoluta a un cuerpo de redacción integrado por los miembro de la C.E. del interior.

La necesidad material de imprimir en el exterior implica que se armonice el trabajo material entre los dos secretarios de prensa y propaganda.

La armonización es necesaria y posible y la C.E. debe promoverla y mantenerla sin desfallecimiento[9].

En la primera reunión de la Comisión Ejecutiva posterior a este Comité Nacional, celebrada el 23 de septiembre de 1973, se acordó no aceptar la dimisión de Andrés y seguir convocándolo a las reuniones pero... "No obstante debiendo cumplir este Secretariado con su cometido se encargará Hervás de realizarlo buscando en Madrid el equipo necesario para ello. Jimeno y Hervás elaborarán el periódico y verán juntos los detalles de este

---

[8]   A favor (Vizcaya, Guipúzcoa, Valladolid, Alicante, Iglesias, Gimeno, Celso, Roque, Carmen, Pablo, Manuel [Francisco Roces Fernández-Asturias] y zonas 2, 3, 4 y 5 del exterior). En contra (Asturias, Madrid, Sevilla, Valencia, Cataluña, Álava, Córdoba y Guillermo). Abstenciones (López Real, Nico, Falo (¿suplente Asturias?), Enrique y otro (¿Fernando Gutiérrez?).

[9]   Archivo Exilio PSOE (AE 708-6/Fundación Pablo Iglesias).

problema". Desde este momento hasta la celebración del XIII Congreso, el responsable del periódico en el interior fue Pablo Castellano (Hervás) y el Consejo de Redacción se estableció en Madrid[10].

Los sevillanos, para tener un órgano de expresión en octubre de 1973, comenzaron a publicar mensualmente *Andalucía Socialista*, del que salieron doce números hasta septiembre de 1974[11].

En julio de 1974 se produciría la dimisión de Arsenio Jimeno al ser "excluido" por los compañeros del interior de la delegación de la Comisión Ejecutiva del PSOE participante en la Conferencia de Unidad Socialista que se celebró en París del 28 al 30 de junio de ese año[12].

La declaración de Jaizquíbel de septiembre 1974

El año 1974 comenzó con una gran efervescencia política producida por el asesinato de Carrero Blanco ocurrido el 20 de diciembre de 1973. Sectores aperturistas del régimen y de la oposición vieron cercana una salida de la dictadura e iniciaron múltiples contactos y conversaciones. El ingreso hospitalario del dictador el 9 de julio de 1974, aquejado de una grave flebitis, precipitó los acontecimientos. El Partido Comunista "presionaba" al PSOE al crear la Junta Democrática con presentación

---

[10] Archivo Exilio PSOE (AE 708-14/Fundación Pablo Iglesias). El Consejo de Redacción formado en Madrid lo constituyeron Pablo Castellano, Enrique Moral Sandoval, Manuel de la Rocha Rubí y Liborio Hierro Sánchez-Pescador (Testimonio Enrique Moral Sandoval).

[11] Pero lo curioso del caso es que el número inicial apareció como nº 93, en un intento inexplicable de aparentar que el periódico llevaba años publicándose.

[12] Véase apartado "Participación del interior en las reuniones de la Comisión Ejecutiva del PSOE...". Además, Pablo Castellano, en "Yo si me acuerdo....", p. 217, dice que a su regreso de la reunión de Jaizquíbel (agosto 1974)..."dirigí una carta de dimisión a doña Carmen García Bloise en la que únicamente aceptaba ir al Congreso a dar cuenta de mi gestión, amén de preparar la presencia de las importantes delegaciones internacionales, como era mi orgánico cometido". La dimisión no se recogió en las actas de la Comisión Ejecutiva, como puede verse en el apartado citado.

pública en Madrid y París a finales de ese mes, en la que participaron junto a Santiago Carrillo, Rafael Calvo Serer y Antonio García Trevijano. El PSOE tenía convocado su Congreso para el mes de octubre siguiente, pero estos acontecimientos aceleraron la necesidad de dar una respuesta política socialista al fin de la dictadura.

Guillermo Galeote (representante de Sevilla en la Comisión Ejecutiva del PSOE) sugirió crear una comisión para orientar la política a seguir en los meses previos al Congreso[13], a la que se incorporaran Felipe y Alfonso que "en teoría" estaban dimitidos. De hecho fue una Ejecutiva reducida: Felipe, Alfonso, Guillermo, Enrique, Nicolás y Pablo, que comenzó a encontrase con regularidad y a la que poco después se unió Eduardo López Albizu. La reunión más importante tuvo lugar en el Hostal Jaizquíbel en Fuenterrabía (Guipúzcoa) a mediados de agosto de 1974[14], en la que se aprobó una declaración política elaborada partiendo un borrador redactado por Felipe González.

Esta declaración política fue conocida como "Declaración de Jaizquíbel" o "Declaración de Septiembre" (porque fue fechada en Madrid, septiembre 1974) fue firmada por la Comisión Ejecutiva del PSOE. La declaración se iniciaba con la afirmación de que la dictadura estaba en sus últimos momentos...

> La vida del Régimen está llegando a su fin. El pueblo toma conciencia de este acontecimiento histórico y reafirma su voluntad de reconquistar su soberanía.

---

[13] A. GUERRA. Ob. cit., p. 129 y E. MÚGICA HERZOZ. Ob. cit., p. 125.

[14] La reunión en la que se aprobó la declaración fue más amplia, no se circunscribió a los miembros de la citada "comisión". Según testimonio de José Antonio Saracíbar, que participó en ella, a la misma asistieron además un grupo de compañeros vascos. Parece ser que la reunión tuvo dos niveles. La citada "comisión" se encontró previamente, discutiendo la declaración y sobre los posibles candidatos a incorporase a la próxima Comisión Ejecutiva y después se discutió y aprobó la declaración por un grupo más amplio de compañeros.

Después de analizar los factores que determinan el final de la dictadura, proponía que:

Como culminación de este proceso de lucha y conquista de la democracia, y salida lógica de la situación actual, el PSOE reitera su llamamiento al pueblo a fin de que apoye y exija: La constitución de un Gobierno provisional sin signo institucional que con carácter inmediato adopte las siguientes medidas:

1.º Libertad de todos los presos políticos y sindicales.
2.º Liquidación de las responsabilidades políticas y sindicales y reconocimiento de los derechos que fueron suprimidos por estos motivos.
3.º Disolución de las instituciones represivas.
4.º Reconocimiento y protección de las libertades democráticas: libertad de los partidos políticos; libertad sindical; libertad de reunión y expresión; derecho de huelga y manifestación.
5.º Restitución del patrimonio expoliado a las organizaciones políticas y sindicales suprimidas por la dictadura.
6.º Convocatoria de elecciones libres en plazo no superior a un año a fin de que el pueblo manifieste soberanamente su voluntad.
7.º Reconocimiento de los derechos de las nacionalidades ibéricas como base del proceso constituyente.
8.º Mejoras salariales que restituyan el poder adquisitivo de la clase trabajadora.
9.º Control de la riqueza del país para impedir la evasión de capitales y otras actitudes fraudulentas contra la economía nacional.

El Partido Socialista Obrero Español mantiene sus aspiraciones para la construcción de una sociedad justa, y en su camino hacia la misma defenderá como principios constitucionales, sin menoscabo de los propios de su ideario y propone:

– el carácter laico del Estado.
– la independencia de la justicia y la abolición de la pena de muerte,
– la no injerencia del Ejército en el desarrollo político del país.
– el control democrático de la empresa pública y las instituciones de la seguridad social.
– un sistema fiscal y una reforma agraria entendidos como instrumentos de distribución de la riqueza y corrección de las desigualdades y privilegios producto de la explotación y la corrupción.
– la garantía de la sociedad en la cobertura de las necesidades básicas de los ciudadanos, tendiendo a su satisfacción con eliminación del lucro como motor de su desarrollo.

- y la concepción de la función pública de la Administración al servicio del pueblo y no como organización parásita de éste.

El Partido Socialista Obrero Español llama al pueblo español a la lucha contra la explotación y la opresión del Régimen y ofrece una estrategia de lucha socialista que dirija la acción popular hacia la construcción de una sociedad más justa[15].

La "Declaración de Jaizquíbel" fue la base de la intervención de Felipe González durante la defensa de la gestión de la Comisión Ejecutiva y un anticipo de la "Resolución Política" aprobada por el XIII Congreso del PSOE.

Cuando el Régimen daba sus últimos coletazos, el PSOE iniciaba su último Congreso en el exilio, que abriría una nueva etapa en la historia del socialismo español.

XIII Congreso del PSOE en el exilio en octubre 1974

Del 11 al 13 de octubre de 1974 se celebró en Suresnes, a las afueras de París, el último Congreso del PSOE en el Exilio. Habían transcurrido 30 años desde que en septiembre de 1944 se reunió en Toulouse el I Congreso del PSOE en el exilio, que significó la reconstrucción del Partido después de pasar dos guerras: la guerra civil española y la Segunda Guerra Mundial.

Todo lo que atañe a la preparación, desarrollo y resultado del Congreso que presidió José Martínez Cobo es el objeto de este libro y queda recogido en las páginas siguientes. Aquí solo nos vamos a detener en el punto final del Congreso. En la designación del secretario general o primer secretario, como se prefirió denominar entonces, siguiendo la nomenclatura francesa.

---

[15] *El Socialista* (segunda quincena septiembre 1974).

Elección del primer secretario

Pablo Castellano denominó en 1984 como "pacto del Betis" al acuerdo entre vascos y sevillanos en el Congreso de Suresnes por el que Felipe González fue elegido primer secretario del PSOE[16]. Posteriormente, en 1994, en su libro de memorias *Yo sí me acuerdo* afirmó que el mencionado pacto para la designación de Felipe como secretario general de la futura Comisión Ejecutiva (cargo que luego fue denominado como primer secretario) se decidió en la visita que Felipe realizó como abogado a Nicolás Redondo, en la primavera de 1974, cuando este se encontraba en prisión. Allí se repartieron el pastel!!! "el sindicato para el Sr. Redondo y el partido para el Sr. González"[17].

Su argumentación "obsesiva" con este tema le llevó a una confusión en las fechas. La visita de Felipe a Nicolás se produjo en la primavera de un año antes, en 1973, en la cárcel de Basauri, cerca de Bilbao, donde Nicolás se encontraba junto a Antón Saracíbar desde febrero anterior, cuando ambos fueron detenidos en Bilbao al salir de una reunión con miembros del Partido Comunista de España. Felipe fue a la cárcel a comunicar a Nicolás que había dimitido como miembro de la Comisión Ejecutiva del PSOE[18].

Nicolás era el candidato a secretario general unánimemente aceptado por todo el Partido. La incógnita era quién lo sería si Nicolás no aceptaba el cargo. Si este finalmente no aceptaba, los posibles candidatos eran tres: Pablo Castellano, Enrique Múgica o Felipe González. Pero esta ecuación era "falsa". Tanto Pablo como Enrique, además de decir que ellos nunca se postularon[19],

[16]   *El País* 14 de octubre de 1984.

[17]   P. CASTELLANO. *Yo sí me acuerdo. Apuntes e historias.*- Madrid: Ediciones Temas de Hoy, 1994, pp. 215 y 216.

[18]   A. SARACÍBAR. *Compromiso sindical y político.* Aurelio Martín Nájera (ed.).- Madrid: Fundación Francisco Largo Caballero, 2021, p. 60.

[19]   P. CASTELLANO. Ob.cit., p 221…"en esa publicación (*De Suresnes a la Moncloa*), como prueba de rigurosidad, se dice que yo aspiraba a la Secretaría General, aunque reconoce que nunca lo dije ni lo propuse a nadie. Da gusto que juzguen las secretas intenciones estos oficiales

tenían desventaja frente a Felipe. Pablo que ni si quiera era apoyado unánimemente por la Federación de Madrid y Enrique su pasado comunista…, aunque fuera muy lejano. Felipe, por otra parte, sí se postulaba como candidato desde hacía meses, por si Nicolás finalmente no aceptaba. Desarrolló una gran actividad visitando la mayoría de la Federaciones del Partido en el interior y alguna Sección del exterior en los meses previos al Congreso[20] y preparando la respuesta política del Partido a la caída de la dictadura, siendo el autor del texto conocido como "la declaración de Jaizquíbel" de septiembre de 1974[21]. Por tanto, la incógnita de la ecuación estaba resuelta desde el principio…, si Nicolás no aceptaba, sería Felipe.

Nicolás tomó la decisión durante los días de celebración del Congreso. Comunicó su decisión de no presentarse a secretario general a la delegación de Vizcaya, pero esta se resistió a aceptarla pensando en que le podían convencer de que diera marcha atrás. Se mantuvo en su postura y entonces, en las horas previas a la finalización del plazo para la presentación de candidaturas, vascos y sevillanos llegaron a un acuerdo y confeccionaron una candidatura única[22].

Marcelo García, miembro de la Comisión Ejecutiva del PSOE representando a Asturias, escribió sobre este tema lo que sigue en 1984 que creemos ilustrativo de lo que sucedió:

> Pasando por alto otras resoluciones importantes, me voy a centrar en las circunstancias que concurrieron en el nombramiento del secretario general (primer secretario). Para este cargo, aparte de Felipe González propuesto por los asturianos y apoyado por algunas delegaciones anda-

---

historiadores" y E. MÚGICA HERZOG. Ob. cit., p. 130…"por mi parte nunca pensé en serlo. Procedía del partido comunista, lo que constituía un serio hándicap".

[20] Véase nota 56.

[21] A. GUERRA. Ob. cit., pp. 130 y 132.

[22] He sido testigo, en dos ocasiones, de la conversación de Nicolás y Pablo sobre Suresnes y "el pacto del Betis". Nicolás siempre negó este pacto en las condiciones en las que lo planteaba Pablo y afirmaba que, simplemente, durante la celebración del Congreso decidió que él debía dedicarse al Sindicato y que el mejor candidato a secretario general del Partido era Felipe (Testimonio de Aurelio Martín Nájera).

luzas y la delegación de Cataluña, los vascos estaban decididos a nombrar secretario general a Nicolás Redondo o a Múgica. Los madrileños apoyaban a Pablo Castellano.

Con estas variadas posiciones se debate el tema durante tres días. Aladino Cordero mantuvo una dura pugna con Paul[23], miembro de la delegación de Vizcaya, que duró desde el primer día del congreso hasta cinco minutos antes de cerrarse el último plazo que la mesa había dado a los delegados para la presentación de una lista unitaria o de dos candidaturas. De producirse este segundo supuesto, el congreso se hubiera dividido en dos posiciones próximas al 50 % cada una. Después de un duro debate entre Aladino y Paul y ante la reiterada manifestación de Nicolás Redondo hecha a los vascos de que lo retiraran de su propuesta, tras un violento lanzamiento de bolígrafo de Paul, los vascos deciden retirar la propuesta de Nicolás Redondo y así se va a la mesa del congreso después de tres días de debate con una lista unitaria que encabeza Felipe González Márquez[24].

En la línea de Pablo Castellano, Alfonso Guerra construyó "un relato" inverosímil de estos hechos en su obra Felipe González: De Suresnes a la Moncloa (1984), que luego mantendría, con pequeñas modificaciones en sus Memorias (2005):

El momento central del Congreso se sitúa en la decisión de elegir el nuevo liderazgo del Partido. Hasta entonces la dirección colegiada había permitido una gran comodidad en la actuación de todos los ejecutivos, pero era hora ya de personalizar la orientación futura de la organización. La propuesta inicial fue la natural, la que todos esperaban y deseaban: Nicolás. Pero no acepta y sugiere el nombre de Felipe. Cuando este se entera, contesta que no quiere ser secretario general del Partido. Vuelta a mirar a Nicolás, y nueva negativa. Se estrecha el cerco sobre Felipe González, lo que provoca la reacción de Enrique Múgica y Pablo Castellano, que se niegan por completo a que Felipe González tome la dirección del Partido. La interpretación más válida es que, descartado Nicolás, solo Múgica o Castellano tenían posibilidades de optar a la Secretaría General, salvo Felipe González, que se constituía así en un obstáculo para los dos.

Nicolás Redondo terció cerca de Múgica y le convenció, provocando la ira de Castellano, que argüía traición. Muy pronto elaboraría una teo-

---

[23]   José Andrés Paul Tejedor.

[24]   A. FERNÁNDEZ PÉREZ. *José Barreiro García: dirigente socialista.-* Oviedo: Fundación José Barreiro, 2000, p. 297.

ría inventada pero bien traída. Para Castellano la candidatura de Felipe González no fue una improvisación en Suresnes, sino algo preparado por Felipe y yo mismo, con visitas a las agrupaciones, a las secciones del exterior, y toda la operación contando con el apoyo de los socialistas vascos, que mediante el "Pacto del Betis" habían acordado la fórmula con los andaluces. Era una historia falsa en la que es posible que acabara creyendo su propio creador, producto quizá de la paranoia de comprobar cómo perdía el objetivo acariciado después de verlo tan a mano.

Cuando volvieron a proponerle el cargo a Felipe, matizó su respuesta: se negaba a ser secretario general pero aceptaría ser primer secretario, una modalidad francesa utilizada por Mitterrand. Se debía suponer que la fórmula elegida le restaba autoridad y empaque a la más determinante de la Secretaría General[25].

¿Por qué inverosímil? Los sevillanos sabían perfectamente que si Nicolás no aceptaba, Felipe era el candidato. Pablo Castellano y Enrique Múgica (que es posible que en algún momento "soñaran" con la posibilidad de ser secretarios generales) eran plenamente conscientes de sus "hándicaps"(lo que por otra parte no quita que se mostraran "contrariados" y "enfadados") y Felipe había hecho "campaña" por toda España en los meses previos al Congreso en pro de la candidatura, que además, significaba el triunfo de una estrategia de "asalto al poder" que había comenzado desde Sevilla a finales de los años sesenta. Que Felipe rechazara, en un primer momento, la designación y que el cambio del término "secretario general" por "primer secretario" fuera el fiel que inclinara la balanza resulta poco convincente[26].

---

[25] A. GUERRA. Ob. cit., pp. 138 y 139.

[26] En la línea de "*lapsus* de memoria" de Pablo Castellano, que sitúa en 1974 la entrevista con Nicolás en la cárcel que fue en 1973, Alfonso Guerra sitúa a Ramón Rubial en Suresnes cuando no asistió al Congreso. En *Felipe González: De Suresnes a la Moncloa* (pp. 75 y 76), cuenta que la noche del sábado 12 de octubre... "*estaba durmiendo en una habitación, dentro del Teatro Jean Vilar, en donde se celebraba el Congreso. Alguno de nosotros dormíamos en una especie de camerinos y el resto lo hacía en pensiones y otros sitios. Yo estaba entonces en una de esas habitaciones, en la contigua dormía Curro López Real y en la siguiente dormían los vascos. Las habitaciones –creo recordar– tenían tabiques de ladrillo, pero no llegaban al techo; se oía bastante bien lo que se decía por allí (...). Como digo se pasaron toda la noche discutiendo y yo me enteré de la conversación. En aquella reunión estaban Nicolás, Lalo, Juan Iglesias, Enrique, y en algún momento, Ramón Rubial. Las posiciones más claras eran las de Nicolás y la de Ramón*".

Conclusión. Que Nicolás decidió durante el Congreso que prefería ser secretario general de la UGT que del PSOE; que propuso a Felipe para este cargo y que vascos y sevillanos "negociaron" una candidatura unitaria de consenso. De la cual Pablo Castellano, Francisco Bustelo y Juan Iglesias quisieron dimitir al ser aprobada y presentada ante el pleno del Congreso, pero no se les permitió hacer el uso de la palabra[27].

La Comisión Ejecutiva estuvo compuesta por:

Primer Secretario	Felipe González
Secretario de Organización	Nicolás Redondo
Secretario de Coordinación	Enrique Múgica
Secretario de Prensa e Información	Alfonso Guerra
Secretario de Propaganda	Guillermo Galeote
Secretario de Relaciones Internacionales	Pablo Castellano
Secretario de Formación	
y Documentación	Francisco Bustelo
Secretario de Administración	Eduardo López
Secretario Sindical	Agustín González
Secretario de Juventudes	José María Benegas
Secretario de Emigración	Juan Iglesias

A pesar de su intento de dimisión a la clausura del Congreso, Pablo Castellano, y Francisco Bustelo se incorporaron a la Comisión Ejecutiva, pero duraron poco en ella pues poco tiempo después dimitieron, Castellano, en abril de 1975, y Bustelo en enero de 1976.

Cambio 16 (26.IX.1994) *"El Gran Ausente. Por una durísima gripe y, sobre todo, por medidas de seguridad (en esos días la Policía franquista le estaba pisando los talones), Ramón Rubial, Pablo en la clandestinidad, actual presidente del PSOE, decidió no acudir a Suresnes".*

[27] Pablo Castellano y Alfonso Guerra "polemizan" sobre si les cortó el micrófono el presidente o el vicepresidente del Congreso..., la verdad fue que José Martínez Cobo dio la orden de cortar el micrófono y que el canto de la Internacional por los asistentes al Congreso enmudeció los intentos de protesta de los "dimisionarios".

De Sevilla a la Moncloa... Pasando por Suresnes

A finales de los años sesenta, un grupo de jóvenes socialistas sevillanos "se conjuraron para hacerse con la dirección del PSOE". El origen del grupo se sitúa en el ingreso de Alfonso Guerra en las Juventudes Socialistas en 1960 de la mano de Alfonso Fernández Malo, hijo de Alfonso Fernández Torres dirigente "histórico" del socialismo jienense, que al salir de la prisión de Sevilla en 1948 estableció su residencia en dicha ciudad, trabajando como administrativo en un garaje de la calle San Vicente.

En los años siguientes se fueron uniendo al grupo los jóvenes universitarios: Luis Yáñez, Guillermo Galeote, Felipe González, Manuel Chaves, Carmen Hermosín, Carmen Romero, Ana María Ruiz Tagle, Rafael Escuredo, Manuel del Valle...[28]. El primer contacto con la organización socialista "exterior" se produjo en 1966 cuando Alfonso Guerra marchó a Francia para participar en uno de los cursos de formación que en verano organizaba la Federación Nacional de Juventudes Socialista de España. Al llegar a la sede del PSOE en la Rue de Taur de Toulouse, pusieron "pegas" a su asistencia al curso porque la organización andaluza "no estaba bajo la disciplina de la dirección del PSOE", por el enfrentamiento que mantenía Alfonso Fernández Torres con el secretario general del Partido, Rodolfo Llopis. Cuando Alfonso amenazó con regresar a España, condescendieron en su postura, y permitieron que participara en el curso que se celebró en Carmaux. En los años siguientes, Alfonso y Felipe asistieron a estos cursos como conferenciantes entablando contacto con jóvenes socialistas del exilio y del interior.

Los "jóvenes turcos sevillanos" tenían dudas sobre la viabilidad de la organización socialista como vehículo para canalizar su actividad política. Descartada la colaboración con el Parti-

---

[28] Seguimos en nuestra exposición los testimonios recogidos en los libros: F. GONZÁLEZ. *Socialismo es libertad.*- Barcelona: Galba Ediciones, 1978 y A. GUERRA. *Felipe González: De Suresnes a la Moncloa* (1984) y *Cuando el tiempo nos alcanza* (2005).

33

do Comunista, les quedaban dos alternativas, "fundar un nuevo partido, o intentar cambiar la realidad insatisfactoria del PSOE" y optaron por esta última. El momento culminante de esta decisión se produjo después de la participación de Felipe González en el Comité Nacional del PSOE que se celebró en el Club Náutico de Bayona (Francia) el 14 de julio de 1969.

La convocatoria para asistir al mismo les llegó de una forma casual, a través de Antonio Ramos, abogado de Algeciras de la confianza de Llopis, que intentaba de esta manera desplazar por completo a Alfonso Fernández Torres apoyándose en "los jóvenes sevillanos". A Bayona marcharon Felipe González y Rafael Escuredo. Felipe intervino en las sesiones del Comité Nacional exponiendo la realidad del socialismo en Andalucía y en particular la extensión del Partido en Sevilla, sin vencer la desconfianza del secretario general. A quien sí convenció fue a Nicolás Redondo y a Enrique Múgica, que representaban a Vizcaya y Guipúzcoa en el Comité Nacional, que le abordaron después de la reunión y le animaron a seguir trabajando es ese sentido, ya que ellos estaban en la misma disposición.

Al regresar del viaje, Felipe informó a sus compañeros manifestándose optimista sobre la actividad dentro del PSOE. Su infraestructura, bien utilizada, permitiría una acción política de mayor dimensión que la realizada hasta el momento. Como manifiesta Alfonso Guerra en sus *Memorias...*"Fue para el equipo de los sevillanos la confirmación de que era en el interior del PSOE donde debíamos desempeñar la labor que nos exigía nuestro compromiso político contra la dictadura."

De los años de contacto con el resto de la organización socialista de España sacaron la conclusión de que la base organizativa del Partido se encontraba en el País Vasco y en Asturias, y decidieron que "la cabeza" de esa organización tenía que estar en Sevilla. Los "pies" en el norte de España y "las ideas" en el sur. A este fin dirigieron todo su esfuerzo. Como se dieron cuenta de que Vizcaya y Guipúzcoa tenían el liderazgo de Nicolás y Enrique, dirigieron sus esfuerzos a "ganarse la confianza" de los militantes asturianos. En estos años fueron frecuentes las visitas de Alfonso y Felipe a Asturias para asistir a concentraciones, impartir cursillos y dar conferencias, e igualmente hubo desplazamientos de compañeros asturianos a Sevilla para asistir a cursos de formación. Incluso en diciembre de 1972 el abogado sevillano, Miguel Ángel Pino Menchén, que trabajaba desde finales de 1971 en el despacho laboral de Felipe en Sevilla, se trasladó a Gijón para abrir una Asesoría Jurídica con el apoyo económico y logístico de la organización socialista asturiana. Asturias fue la Federación en la que centraron sus esfuerzos y, como ya hemos visto anteriormente, esta "apuesta" dio sus frutos. En Suresnes, los asturianos fueron los "grandes valedores" de la candidatura de Felipe a la secretaría general.

La estrategia de "asalto al poder" y "promoción" de su líder (Felipe González) tuvo en los años siguientes dos hitos importantes: el enfrentamiento Llopis-Felipe en el Congreso de 1970 y la detención de este en Madrid en 1971.

En el XI Congreso del PSOE en el exilio celebrado en Toulouse del 13 al 16 de agosto de 1970, Felipe defendió ante el pleno un voto particular proponiendo la dirección compartida interior-exterior y la primacía del interior para definir la política del Partido en la clandestinidad y la participación del interior en las delegaciones a los Congresos de los Partidos "hermanos" de la Internacional Socialista. El secretario general (Rodolfo Llopis) se opuso y tras un largo y agrio debate, este perdió la votación por una amplia mayoría. Fueron determinantes para convencer a los delegados del exterior las siguientes palabras de Felipe en el debate:

> Nosotros no hemos impuesto los Pirineos, nosotros no quitamos la libertad a nadie para que saltando estos Pirineos ejerza la política del otro lado, que es donde ahora hay que ejercerla.

El Congreso eligió los siete componentes del exterior de la Comisión Ejecutiva con Rodolfo Llopis al frente como secretario general y dejó en manos del interior la designación de sus miembros.

En una reunión de los delegados de 16 Federaciones del interior celebrada el 1 de noviembre de 1970 en Madrid, en la cafetería La Villa del Narcea en la calle Fuente del Berro, se realizó el siguiente reparto geográfico de los miembros de la Comisión Ejecutiva. Dos por Asturias (Agustín González y Francisco Roces) y por Vizcaya (Nicolás Redondo y Eduardo López Albizu) y uno por Andalucía (Felipe González), Guipúzcoa (Enrique Múgica), Santander (Basilio Rodríguez Gómez), Cataluña (Joaquín Jou Fonollá) y Madrid. La Federación de Madrid se opuso al reparto negándose a ocupar el puesto reservado.

En el intento de dar solución a este conflicto viajaron a Madrid Nicolás Redondo, Enrique Múgica y Felipe González para reunirse con Ambrosio Gutiérrez y Cristóbal Cáliz. El encuentro tuvo lugar en el domicilio de Ambrosio el 31 de enero de 1971. Tres horas después, al salir del portal de la casa, fueron detenidos Nicolás, Enrique y Felipe, siendo traslados a la Dirección General de Seguridad en la Puerta del Sol, donde fueron interrogados por el comisario Saturnino Yagüe en las dependencias de la Brigada Regional de Información. Después de pasar la noche en los calabozos, al día siguiente fueron trasladados a las Salesas para comparecer ante el Tribunal de Orden Público, donde los asistió Pablo Castellano como abogado. Después de tomarles declaración, el juez dictó auto de procesamiento con libertad provisional bajo fianza de 30.000 pesetas para cada uno. Pablo Castellano logró reunir el dinero, por lo que ese mismo día salieron en libertad[29]. El representante de Madrid en la Comisión Ejecutiva del PSOE se incorporó a finales de marzo de 1971, siendo el elegido Pablo Castellano.

La gota que colmó el vaso del larvado enfrentamiento interior-exterior fue la publicación en la primera página de *El*

---

[29]   E. MÚGICA. Ob. cit., pp. 107 y 108.

Socialista (mayo 1972) que se distribuía en el interior, de un pequeño artículo sin firma titulado "Los enfoques de la praxis", cuyo autor era Alfonso Guerra y por el que Llopis se sintió ofendido y exigió una rectificación pública y una sanción para el autor del mismo. En circular dirigida a las Secciones del Partido exponía que... "dicho artículo entraña una grave injuria colectiva, inferida a toda nuestra organización por algún irresponsable e insensato que conoce mal nuestro Partido y sus hombres, o que ni al uno ni a los otros conoce en manera alguna, habiéndose equivocado de puerta".

A partir de entonces, el secretario general se negó a convocar el XIII Congreso preceptivo del PSOE, cosa que sí iniciaron los miembros de la Comisión Ejecutiva del interior a pesar del riesgo de escisión que su decisión implicaba.

Lo sucedido desde entonces hasta la conclusión del Congreso de Suresnes, lo hemos visto en las páginas precedentes. Ahora nos queda abordar el camino que condujo al PSOE y a Felipe González "De Suresnes a la Moncloa".

Del radicalismo ideológico al pragmatismo realista

El Congreso de Suresnes tenía que dilucidar dos cuestiones. Quién sería la cabeza visible del PSOE a partir de entonces, finalizando así el período transitorio de dirección colegiada (1972-1974), ya que la llegada previsible de la democracia exigiría una cara y una voz que lo representara ante el electorado y cuál sería la línea política imperante.

El Congreso apostó por Felipe González como rostro del PSOE y aprobó una resolución política que planteaba una ruptura democrática, como única salida a la dictadura y una resolución sobre nacionalidades y regiones que reconocía el derecho de autodeterminación y se pronunciaba por la constitución de una República Federal de las Nacionalidades que integran el Estado español, que eran la consecuencia lógica de las propuestas que mayoritariamente habían presentado al Congreso las Federaciones del interior y las Secciones del exterior.

El discurso político de "los sevillanos" y de la mayoría de los militantes del Partido era radical en ese momento. El PSOE se presentaba a la izquierda del Partido Comunista que a mediados de 1974 había establecido una plataforma de oposición, la Junta Democrática, junto con monárquicos, los carlistas y otros partidos de izquierda.

La Comisión Ejecutiva del PSOE se apoyó internamente en las Juventudes Socialistas, que desde finales de 1973 sufrieron un proceso de "radicalización". Este año se constituyó en Madrid un grupo que fue denominado la "Tendencia"[30], que se hizo con el control del Comité Provincial y en 1974 del Comité Nacional, que votó la dimisión de José María Benegas y José Antonio Maturana de la Comisión Ejecutiva de JSE, en una reunión de este organismo celebrada en Madrid en los meses previos al Congreso de Suresnes. La delegación de Madrid a este Congreso estuvo encabezada por Pedro García López, uno de los tres miembros que la Tendencia tenía entre los siete que la componían. El grupo tuvo fuerte implantación en Madrid y poco a poco fue expandiéndose por otras Federaciones de JSE..., Álava, Barcelona, Valencia e incluso Andalucía.

En los primeros meses de 1975 tuvo lugar en Lisboa (Portugal) el Congreso de las Juventudes Socialista de Portugal. La delegación de las JSE que acudió al mismo recibió la invitación de estas para que su próximo Congreso, todavía en el exilio, se celebrara en Portugal, a la vez que se ofreció la posibilidad de un paso clandestino de la frontera para aquellos militantes que lo necesitasen[31].

---

[30]   Toda la información sobre la "Tendencia" es testimonio de Aurelio Martín Nájera (Archivo Aurelio Martín Nájera/FPI).

[31]   Este paso clandestino fue utilizado para cruzar la frontera por compañeros que carecían de pasaporte en la preparación, durante y después del Congreso, en esta última ocasión para pasar a España el folleto con las resoluciones del Congreso que se imprimió en Lisboa.

El VI Congreso de las Juventudes Socialistas de España se celebró del 18 al 20 de julio de 1975 en un hotel de una de las playas de Sintra, cerca de Lisboa. La Tendencia dominó el Congreso sin oposición, imponiendo sus tesis en las resoluciones y copando la Comisión Ejecutiva[32]. Al Congreso asistieron por la Comisión Ejecutiva del PSOE Alfonso Guerra y José María Benegas. En la discusión en la Comisión de la Ponencia Política el representante de Guipúzcoa (Ramón Jáuregui) intentó que se suprimiera del texto el término "Dictadura del Proletariado". Guerra, presente en la misma, intervino zanjando la polémica… "*¿Quién tiene miedo a la dictadura del proletariado? Desde luego los socialistas no, no se puede ser socialista y no defender la dictadura del proletariado, no veo el problema en que así se diga*"[33].

A la vez que se mantenían posturas radicales de puertas para dentro, por otro lado, se comenzaba a negociar con sectores moderados una alternativa a la Junta Democrática, llegando a un acuerdo con el demócrata cristiano Joaquín Ruiz Jiménez (Izquierda Democrática) creando en junio de 1975 la Plataforma de Convergencia Democrática, de la que también formaron parte además del PSOE y la UGT, la Unión Socialdemócrata Española, el Consejo Consultivo Vasco, el Reagrupamiento Socialista Democrático de Cataluña, el Movimiento Comunista, la Organización Revolucionaria de Trabajadores y otros. En septiembre siguiente se iniciaron conversaciones con la Junta Democrática que a finales de marzo de 1976 culminaron con la fusión de ambas en Coordinación Democrática, conocida popularmente como la *Platajunta*. Resultaba evidentemente que el fallecimiento del dictador el 20 de noviembre de 1975 aceleró el proceso de unidad.

---

[32] Al frente de la Comisión Ejecutiva estuvo Ildefonso Gómez. Otros de sus integrantes fueron: Luis Osorio, Pedro Viana, Pedro García López, Javier Septién, Luciano González, Inés Dueñas y Juan Miguel Fernández Ruiz (*Juventudes Socialistas. 100 años Protagonistas del Cambio*, p. 152).

[33] Alberto Arregui (Delegado por Navarra) *Rebelión* (14 noviembre 2014).

Durante 1976 se produjeron hechos importantes en las tres organizaciones socialistas. En las Juventudes Socialista a finales de 1975 se inició un proceso de control de las mismas por parte de la Comisión Ejecutiva del PSOE. Después de una fuerte discusión ideológica en toda la organización sobre dos textos planteados por dos miembros de la Comisión Ejecutiva de las Juventudes (Luis Osorio y Pedro Viana), el triunfo, en votación democrática realizada en todas las Federaciones, de las tesis del segundo produjo la caída de la Comisión Ejecutiva de Lisboa y la elección de una nueva ejecutiva encabezada por el sevillano Miguel Ángel Pino en un Comité Nacional celebrado en febrero de 1976[34].

En abril siguiente, el gobierno autorizó la reunión del XXX Congreso de la UGT en el Restaurante Biarritz de Madrid. Era el primer Congreso socialista celebrado en España desde la Segunda República. Habían pasado 44 años desde que en 1932 tuviera lugar el XVII Congreso ordinario de la UGT en la capital de España. La UGT tomó dos decisiones importantes de cara al futuro, mantener su autonomía como Sindicato al rechazar la propuesta de sumarse a otras fuerzas sindicales para crear una nueva confederación sindical y permitir que sus miembros pudieran también desempeñar cargos políticos, es decir, no imposibilitar la compatibilidad de cargos en UGT y PSOE. En su intervención en el Congreso, Felipe González exhortó a la UGT a ser realista. No se era más revolucionario por utilizar un lenguaje revolucionario, declaró, primero había que recuperar la libertad, el socialismo vendría después. El pretender otra cosa era pura demagogia[35].

Finalmente, 1976 se cerró con la celebración del XXVII Congreso del PSOE en el Hotel Meliá Castilla de Madrid del 5 al 8 de diciembre. Fue un gran efecto de imagen, un espaldarazo internacional al PSOE al asistir al mismo los principales líderes del socialismo europeo Willy Brandt, Olof Palme, François

---

[34] Juventudes Socialistas. *100 años Protagonistas del Cambio.*- Madrid: Fundación Tomás Meabe, 2006, p. 153.

[35] Unión General de Trabajadores, XXX Congreso (1976).

Mitterrand, Pietro Nenni, Michel Foot, etc., aunque a su vez la resolución política aprobada por el Congreso calificaba al PSOE de "partido de clase y, por lo tanto, de masas, marxista y democrático".

En febrero de 1977 se legalizarían el PSOE y los otros partidos socialistas. El sábado santo 9 de abril sería el turno del Partido Comunista y a finales de ese mes los sindicatos, UGT, CNT, CC.OO., etc.

En 1977, el PSOE (Renovado) disputaba el espacio socialista al PSOE (Histórico), al Partido Socialista Popular de Enrique Tierno Galván y a los partidos socialistas de carácter regional agrupados desde marzo de 1976 en la Federación de Partidos Socialistas y, además, el espacio de la izquierda al Partido Comunista. No había ninguna duda de que el partido numéricamente más fuerte era el PCE, pero no se trataba de eso sino de respaldo electoral. Fueron las primeras elecciones democráticas, celebradas el 15 de junio de ese año, las que pusieron a cada uno en su lugar:

Partido Socialista Obrero Español	118 diputados
Partido Comunista de España	20 diputados
Partido Socialista Popular	6 diputados
Los demás partidos del espectro socialista y comunista	NINGUNO[36]

El "éxito" del PSOE se debió a tres factores y el siguiente orden:

A) Las siglas PSOE, la memoria histórica[37]
B) La identificación con el socialismo europeo
C) El candidato Felipe González[38]

---

[36]   Hay que tener en cuenta que el PSOE (Histórico) no pudo presentarse con las siglas PSOE, sino en la candidatura Alianza Socialista Democrática.

[37]   Para los socialistas, a excepción de Cataluña, las provincias donde obtuvo buenos resultados fueron un calco de los que había tenido en 1931 y 1936. Durante la Segunda República, la representación electoral del PSOE en Cataluña fue testimonial. Ahora se presentaba en una coalición PSC-PSOE que obtuvo unos magníficos resultados.

[38]   Al contrario que el PCE, el PSOE se presentó con una nueva generación al frente. Un candidato, joven, con buena imagen y carismático.

Sin duda, para la mayoría de los "observadores" fueron una sorpresa estos resultados de la izquierda (PSOE 118/PCE 20). No lo fueron en cambio para los miles de jóvenes, que después de pasar en algún momento por la órbita del PCE (cosa ineludible pues era el partido preponderante de la izquierda) decidieron incorporarse al PSOE como garantía del socialismo democrático. Enrique Múgica expresó muy bien esto que decimos:

> La semántica revolucionaria era una asignatura obligada para toda la izquierda y el PSOE la practicaba incluso con mayor rigidez que los comunistas. Siempre he pensado, y el tiempo ha venido a darme la razón, que los comunistas por mucho que limaran su prosa, su expresión, su manera de visualizar la política dulcificándola con el entramado semántico de la 'Reconciliación Nacional', no olvidaban su vinculación ideológica e iconográfica a las terribles experiencias de los países del Este, y a cómo recientemente, el panzercomunismo había destrozado la esperanzadora Primavera de Praga[39]. Todo ello significaba que por mucho que se esforzaran en suavizar sus asperezas, en conseguir una comunicación cordial con los demás, permanecía en pie ante ellos un terco y difícil recelo por parte de enormes sectores de la sociedad española que querían la desaparición del franquismo y de sus epígonos, pero que temían cualquier tentación totalitaria, por opuesto que fuera el signo de su identidad.
>
> También he pensado siempre que por mucho que el leguaje de los socialistas fuera duro, incisivo y hasta vitriólico no empañaba la creciente credibilidad que el socialismo democrático iba adquiriendo no sólo ante los trabajadores de todo tipo, sino en las capas medias cuyas inclinaciones son tan importantes en una sociedad moderna, aunque pudiera desconcertar a algunos. Por ello no me preocupaba demasiado el lenguaje que utilizábamos...[40].

---

[39] Además, a esto hay que añadir que practicaban un estricto "centralismo democrático" y que justificaban la utilización de cualquier medio con el objetivo de llegar al fin pretendido..., que ahuyentó a quienes se acercaban a la oposición antifranquista buscando prácticas democráticas frente a los métodos totalitarios que ya sufrían en todos sus niveles en la sociedad en la que vivían.

[40] E. MÚGICA. Ob. cit., p. 129.

Durante el debate constitucional en 1978 se produjo "el bene-plácito" del PSOE a la monarquía parlamentaria. El 11 de mayo de ese año, Luis Gómez Llorente pronunció un memorable discurso en las Cortes en un voto particular socialista en defensa de la República y, días después, el 4 de junio, el Grupo Parlamentario Socialista se abstuvo al votarse el apartado 3º, del Artículo 1º, del Título Preliminar, acatando democráticamente la ley de la mayoría… "La forma política del Estado español es la Monarquía parlamentaria".

Solo quedaba "el escollo" de la definición marxista del Partido. Felipe González encendió la mecha con unas declaraciones en la Asociación de la Prensa de Barcelona en mayo de 1978:

> Por fidelidad a don Carlos Marx, yo propondré que desaparezca la palabra marxismo del programa de nuestro partidlo. Lo propondré en el próximo Congreso. A lo mejor no prospera mi punto de vista. Pero yo la haré. Debe tenerse en cuenta que a lo largo de los casi cien años ya de existencia, el PSOE jamás ha utilizado el vocablo marxismo a excepción de su introducción en el último Congreso, el celebrado en 1976. Pienso que ello fue un error. Estoy convencido de que a Carlos Marx no le gustaría, si viviera actualmente[41].

Y ese fue el debate principal del 28 Congreso del PSOE celebrado en Madrid del 17 al 20 de mayo de 1979. Felipe González perdió, pero los militantes del Partido se resistían a perder a su líder. Los mismos que habían votado la permanencia del marxismo pedían a Felipe que no dimitiera. La contradicción era evidente, querían que este aceptara unos postulados ideológicos a los que había decidido renunciar. La incapacidad de la "izquierda" del Partido para presentar una Comisión Ejecutiva alternativa hizo que se nombrara una Comisión Gestora para preparar un futuro Congreso Extraordinario. Para casi todo el mundo pasó por alto el cambio fundamental que se había producido en el 28 Congreso. Una reforma de los estatutos,

---

[41] www.march.es (Archivo Linz, 9 mayo 1978)

por la que la representación congresual a partir de entonces no sería directa por Agrupaciones como lo había sido en este Congreso, sino por Federaciones del Partido. Esto significaba un claro recorte en la representación democrática de los delegados. En el Congreso extraordinario, cuando el cabeza de delegación levantara la tarjeta de votación por su Federación, lo haría representado todos los afiliados de la misma, desapareciendo la posibilidad de que las "minorías" hiciesen llegar su voz al Congreso[42].

Este "giro ideológico", comparado con el del SPD (Partido Socialdemócrata de Alemania) en su Congreso de 1959 en Bad Godesberg, fue acompañado de un control férreo de la organización del Partido por Alfonso Guerra. Aunque él niegue ser el autor de la famosa frase "el que se mueva no sale en la foto", la realidad es que fue así. Entre 1977 y 1979 fueron expulsados del PSOE cientos de militantes, muchos acusados de "trotskistas", pero también simplemente por discrepar en planteamientos políticos (oposición a los Pactos de la Moncloa) o no estar conformes con los métodos de decisión en la confección de las listas electorales. El Comité de Listas (Alfonso Guerra) echó para atrás en muchas ocasiones candidatos propuestos por las Federaciones Provinciales, cuya protesta acabó con la expulsión del Partido de los afectados. La democracia interna brillaba por su ausencia..., el funcionamiento orgánico del Partido era lo más parecido al famoso "centralismo democrático" leninista. Por otra parte, en honor a la verdad, quizás imprescindible para alcanzar el objetivo final de llegar a la Moncloa.

El Congreso Extraordinario de septiembre de 1979 fue un paseo triunfal para el líder. Ya solo era cuestión de tiempo su llegada a la Moncloa. La moción de censura contra el presidente

---

[42]   R. GILLESPIE. *Historia del Partido Socialista Obrero Español.* - Madrid: Alianza Editorial, 1991, p. 315. Posteriormente en la Conferencia Federal de Organización y Estatutos del PSOE celebrada en marzo de 1983, Carlos y José Martínez Cobo realizaron propuestas sin éxito para revertir esta situación. La Conferencia reconoció y reguló la posibilidad de creación de "Corrientes" en el Partido.

Adolfo Suárez en mayo de 1980 y el intento de golpe de Estado de febrero de 1981 acrecentaron las expectativas electorales de Felipe González y el PSOE .En las siguientes elecciones generales en octubre de 1982 más de 10 millones de votos llevaron por abrumadora mayoría absoluta a la presidencia del gobierno a Felipe González.

Veintidós años de gobierno

Durante los cuarenta años que duró la etapa "Suresnes" en la historia del socialismo español (1974-2014), el PSOE estuvo más de la mitad, veintidós años, en la Moncloa. En dos periodos, desde diciembre de 1982 a mayo de 1996 con Felipe González y desde abril de 2004 a diciembre de 2011, con José Luis Rodríguez Zapatero como presidentes del gobierno.

El balance de la acción de gobierno fue sin duda fue muy positivo. Los gobiernos de Felipe González consolidaron la democracia y acabaron con "el ruido de sables", el ejército dejó de ser el protagonista de la vida nacional y el riesgo del golpismo fue desechado. Consiguieron la modernización y la europeización de España con el ingreso en la Comunidad Económica Europea, añorada durante décadas por la ciudadanía progresista de nuestro país. Construyeron el Estado del Bienestar con la universalización de las pensiones y la generalización y gratuidad de la educación y la sanidad. Ampliaron los derechos sociales como la ley del derecho al aborto. Elevaron el nivel de Renta del país.

Pero también tuvo "sus sombras". Miraron para otro lado en la guerra sucia de las "cloacas del Estado" contra el terrorismo de ETA, lo que llevó a prisión al ministro de Gobernación José Barrionuevo en 1998; fomentaron la cultura del pelotazo y el dinero fácil a la vez que desatendía a su base social, lo que le valió la convocatoria por la UGT de tres huelgas generales: diciembre 1988, mayo 1992 y enero 1994; no actuaron con contundencia en los casos de corrupción[43] que azotaron descarnadamente los últimos años de gobierno y no hicieron nada por las víctimas de la guerra civil y la dictadura[44].

Los gobiernos de José Luis Rodríguez Zapatero ampliaron los derechos sociales con las leyes como la de matrimonio entre personas del mismo sexo; de igualdad efectiva entre mujeres y hombres y de protección de la autonomía personal y atención a las personas en situación de dependencia y afrontó, por fin, el reconocimiento de las víctimas de la guerra civil y la dictadura, con la conocida como ley de Memoria Histórica... "Ley por la que se reconocen y amplían derechos y se establecen medidas en favor de quienes padecieron persecución o violencia durante la guerra civil y la dictadura", por la que después de más de setenta

---

[43] Habría que matizar. Se actuó con contundencia en determinados casos, con militantes "críticos o disidentes", como fueron los casos de Fernando Martínez Castellanos, uno de los opositores a que el termino marxismo desapareciera del enunciado del PSOE en 1979. Alcalde de Valencia desde abril de ese año que fue "fulminado" por un "desfase presupuestario de escasa importancia en las cuentas del Partido" cuando este era tesorero. Fue expulsado del Partido y cesado como alcalde en septiembre de 1979 (*Diccionario biográfico de políticos valencianos 1810-2005*, p. 349) o el de Alonso Puerta Gutiérrez, teniente de alcalde del ayuntamiento de Madrid en 1979. Igualmente, contrario al "abandono del marxismo" y fundador de Izquierda Socialista en 1980, que fue expulsado del PSOE en octubre de 1981 por haber denunciado la adjudicación irregular de contratas municipales de basuras en el ayuntamiento de la capital de España (*Diccionario Biográfico* del *Socialismo Español 1979-1975*). No se tuvo la misma "disposición ejemplificadora" en otras ocasiones, como fue el "caso Filesa", trama de empresas para financiar la campaña electoral del PSOE en 1989, por la que en octubre de 1997 fueron condenados a pena de prisión, el senador socialista José María Sala, el exdiputado del PSC Carlos Navarro y la excoordinadora de Finanzas del PSOE, Aida Álvarez.

[44] Hay que decir que además esta fue una decisión consciente. En Joaquín Estefanía/Soledad Gallego-Díaz "Felipe, 20 años más" (*El País*, 27 octubre 2002) ante la pregunta: "En más de una ocasión ha dicho que una de las cosas en que se había equivocado era en haber apagado la memoria histórica de nuestro torturado siglo XX" contestó... "Más exactamente he dicho que no tenía la certeza de haber acertado. El desencadenante fue una conversación con el general Gutiérrez Mellado, que me dijo, refiriéndose a la guerra civil: "Debajo de estas cenizas está crepitando todavía el fuego. Le ruego a que la gente como yo haya desaparecido para volver a discutir sobre aquellos acontecimientos". Mi mandato coincidió con el 50ª aniversario del principio de la guerra civil y el 50ª aniversario del final de la Segunda República, y no creí oportuno abrir el debate. Y podían haber sido dos ocasiones extraordinariamente propicias para haber hecho no solo una operación de recuperación de la memoria histórica, que era la parte más noble, sino para haber recordado el papel de la derecha en ese periodo, lo cual supongo que hubiera tenido para nosotros buenas expectativas electorales. No sé si fue un acierto o un error, pero fue una actitud consciente". Es decir, que conscientemente prefirió "proteger a los verdugos" frente al derecho a la reparación de las víctimas.

años, las víctimas del golpe de Estado de 1936 y el franquismo y sus familias, pudieron comenzar a recibir el reconocimiento y una reparación, mínima y testimonial, del daño sufrido.

El fin de una etapa

Consideramos que en 2014 finalizó una etapa de la historia del socialismo español que comenzó en 1974 con el Congreso de Suresnes. La repercusión de la crisis financiera internacional de 2008, agravada en España con sus propias peculiaridades asociadas a la burbuja inmobiliaria, motivó en mayo de 2011 la aparición del movimiento de los indignados "Movimiento 15M" y el final del gobierno de Rodríguez Zapatero que meses después, en noviembre de ese año, convocó elecciones generales en las que ganó por mayoría absoluta el Partido Popular.

Rodríguez Zapatero renunció a la secretaría general del PSOE sustituyéndole Alfredo Pérez Rubalcaba, elegido para ocupar dicho cargo en el 38º Congreso del PSOE celebrado en Sevilla en febrero de 2012. Pero la crisis no fue solo económica y social, fue más profunda afectando a la monarquía parlamentaria y al sistema de partidos. En junio de 2014 se produjo la dimisión del Rey Juan Carlos en favor de su hijo Felipe VI y días después la de Alfredo Pérez Rubalcaba como secretario general del PSOE, tras la derrota sufrida en las elecciones europeas.

En elecciones primarias celebradas el 13 de julio de 2014, un desconocido Pedro Sánchez, con más del 48% de los votos, se impuso al candidato del "aparato del Partido" Eduardo Madina y al candidato de Izquierda Socialista, José Antonio Pérez Tapias. Esta fecha puede considerarse como el inicio de una nueva etapa en la historia del PSOE, pero los acontecimientos posteriores hacen que prolonguemos hasta 2017 el inicio real de esta etapa.

La "defenestración" de Pedro Sánchez por el Comité Nacional del PSOE en octubre de 2016 porque se negó a que el PSOE permitiera gobernar a Mariano Rajoy, demuestra que todavía le quedaba por superar otra prueba, unas nuevas primarias, las celebradas el 21 de mayo de 2017, en las que con más del 50% de los votos se impuso a la candidata del "aparato del Partido" Susana Díaz y a Patxi López. Esta vez sí, al PSOE que había nacido en Suresnes, se le podía dar por desaparecido.

En junio de 2018, tras una moción de censura contra Mariano Rajoy, Pedro Sánchez se convirtió en el tercer Presidente del Gobierno socialista y contra viento y marea en su cargo continúa en 2024. Pero esta es ya otra historia…, en la que Felipe González y Alfonso Guerra se asemejan a Rodolfo Llopis y Ovidio Salcedo en 1972[45]. Son incapaces de ver que la situación política de la España actual no se parece en nada a la de que ellos fueron protagonistas después de la muerte del dictador, pero con la diferencia de que estos cuentan con el apoyo, para atacar y desprestigiar al secretario general de su Partido, de todos los medios de comunicación de la derecha española, que además ahora cínicamente, reivindican como buenos los años de gobierno socialista que tan duramente criticaron y desprestigiaron en su momento… ¡Aquel si era auténtico socialismo, el de hoy no! ¡Ver para creer!

Aurelio Martín Nájera
Alcalá de Henares (Madrid),
20 de abril de 2024

---

[45] Tiene razón Luis Yáñez cuando en septiembre de 2023 contestó a Felipe y Alfonso después de que estos, en la presentación del libro *La rosa y las espinas* de este último, arremetieran contra Pedro Sánchez… "La posición de ambos exlíderes, los conozco bien, insisto, nace de su amor propio herido, de no ser ellos quienes protagonicen este crucial momento, que no sean consultados por Pedro, que no se resignan al paso del tiempo… No, no existe traición a la Transición ni la democracia está en peligro. Abandonemos los egos y aceptemos que nuestro tiempo pasó. Que piense Felipe en los antecedentes del referéndum de la OTAN y de otros momentos claves de nuestra historia política. El riesgo político de España está de otro lado, en la creciente entrega del PP a las posiciones de Vox. Ese es el peligro y no otro" (*La Opinión de Almería*, 22 de septiembre de 2023).

2. Participación del interior en las reuniones de la Comisión Ejecutiva del PSOE (agosto 1972-octubre 1974)

El XII Congreso del PSOE en el exilio celebrado en Toulouse (Francia) del 13 al 15 de agosto de 1972 eligió en su sesión final la parte del exterior de la nueva Comisión Ejecutiva. Los cargos designados fueron los siguientes:

Secretario de Organización	Juan Iglesias Garrigós
Secretario Administrativo	Fernando Gutiérrez Lerchundi
Secretario de Propaganda	Arsenio Jimeno Velilla
Secretario de Relaciones	Francisco López Real
Secretaria de Formación del Militante	Carmen García Bloise[46]

En relación a la elección de los componentes del interior aprobó que serían elegidos por el nuevo Comité Nacional y respecto a este organismo y a esta elección acordó tres puntos:

A) "El Comité Nacional es el representante general del Partido. Que el C.N. conste de siete vocales correspondientes a las siete Zonas del Exterior, cuya demarcación sea incumbencia de la C.E. Que el C.N. conste de otros once miembros y los suplentes cuya designación y distribución incumba a la parte de la organización en el Interior"

B) "Los compañeros ejecutivos en el interior saldrán nombrados por el nuevo Comité Nacional que en su día se elija, tanto por las Federaciones del interior como por las Secciones del exterior".

---

[46] Era la segunda mujer en formar parte de la Comisión Ejecutiva del PSOE. La primera fue Virginia González Polo, secretaria Femenina del PSOE en 1918 y 1919.

C) "Hasta tanto no sean designados los miembros del nuevo C.N. del PSOE, los actuales componentes del Comité Nacional de Coordinación y del Comité Director se mantendrán en funciones"[47]

Los componentes del interior de la Comisión Ejecutiva del PSOE fueron designados "oficialmente" en el Comité Nacional del PSOE celebrado el 17 y 18 de marzo de 1973 en Bayona (Francia). Pero la realidad es que comenzaron a desarrollar esa función desde poco después de la finalización del XII Congreso y que sus miembros se correspondían con los nueve miembros del interior de la Comisión Ejecutiva de la UGT elegidos después del Congreso de la UGT de 1971. Estos eran:

Asturias	Otilio	Agustín González García
	Marcelo	Marcelo García Suárez
Vizcaya	Nico	Nicolás Redondo Urbieta
	Lalo	Eduardo López Albizu
Guipúzcoa	Goizalde	Enrique Múgica Herzog
Madrid	Hervás	Pablo Castellano Cardalliaguet
Sevilla	Felipe	Felipe González Márquez
	Andrés	Alfonso Guerra González
Cataluña	Roque	Joaquín Jou Fonollá

Estos nueve compañeros, que utilizaron diversos nombres de guerra, más cinco que participaron como sus suplentes en alguna reunión de la Comisión Ejecutiva, fueron el núcleo (catorce) que conformaron la parte del interior de la Comisión Ejecutiva del PSOE en los años 1973 y 1974[48].

---

[47] El desarrollo de este apartado se basa en la documentación conservada en el Archivo del PSOE en el exilio (AE 708-12 y 14).

[48] Alonso Novo, Luis   Novo/León (suplente de Pablo Castellano)
Castellano Cardalliaguet, Pablo   Hervás
Galeote Jiménez, Guillermo   Ernesto (suplente de Alfonso Guerra)
García Suárez, Marcelo   Bernardo
González García, Agustín   Otilio
González Márquez, Felipe   Isidoro

Las reuniones dela Comisión Ejecutiva se celebraban en Bayona si asistían los miembros del exterior y en París si solo acudían los miembros del exterior.

El 22 y 23 de octubre de 1972 tuvo lugar la primera reunión conjunta de las Comisiones Ejecutivas de la UGT y del PSOE. En ella participaron íntegramente ambas Ejecutivas más Máximo Rodríguez Valverde (delegado de la C.E. del PSOE en Toulouse); Carlos Pardo Cabado (delegados de las CC.EE de la UGT y del PSOE en Alemania) y "José Fernández" (representando a la FNJSE).

El 26 de noviembre siguiente tuvo lugar una reunión de la parte exterior de la Comisión ejecutiva del PSOE en París con la presencia de Leiva (Sevilla) por el interior[49] y el 6 de enero de 1973 una reunión en Bayona conjunta de las Comisiones Ejecutivas del PSOE y la UGT y un día después solo de la Comisión Ejecutiva del PSOE, en las que participaron por el interior:

Asturias	Bernardo y Marcelo
Vizcaya	Juan
Guipúzcoa	Goizalde
Madrid	Hervás
Sevilla	Andrés y Leiva
	(suplente de Isidoro)
Cataluña	Roque

No asistieron Celso e Isidoro por encontrarse en París donde se celebraba en esos momentos el V Congreso de la Federación Nacional de Juventudes Socialistas de España

---

Guerra González, Alfonso   Andrés
Jou Fonollá, Joaquín   Roque
López Albizu, Eduardo   Lalo /Celso
Múgica Herzog, Enrique   Goizalde/Tomás Hernández
Redondo Urbieta, Nicolás   Nico/Juan/Ricardo
Roces Fernández, Francisco   Manolo (suplente de Otilio)
Saracíbar Sautúa, José Antonio   Antón (suplente de Nicolás)
Yáñez-Barnuevo García, Luis   Leiva (suplente de Felipe González)

[49]   Luis Yáñez-Barnuevo García.

Como ya hemos dicho anteriormente, el Comité Nacional del PSOE designó "oficialmente" a los componentes del interior de la Comisión Ejecutiva en su primera reunión celebrada en Bayona el 17 y 18 de marzo de 1973.

Dos meses después, los días 19 y 20 de mayo de 1973, se celebraron en Bayona dos reuniones. La primera conjunta de las Comisiones Ejecutivas de la UGT y del PSOE (el día 19) y la segunda de la Comisión Ejecutiva del PSOE (el día 20).

En la reunión "conjunta" estuvieron presentes por el interior[50]:

Asturias	Bernardo y Manolo
Vizcaya	Celso
Guipúzcoa	Tomás
Madrid	Novo
Sevilla	Ernesto[51]
Cataluña	Roque

Aparecen como ausentes. Juan (Nicolás Redondo que está en prisión) y Andrés[52].

En la reunión del día 20 estuvieron presentes los mismos y también Txiqui (José María Benegas Hadad), en representación de la Comisión Ejecutiva de la Federación Nacional de Juventudes Socialistas de España.

Por el acta de la reunión conocemos los cargos desempeñados en la C.E. del interior:

Secretario Sindical	Bernardo
Secretario Administrativo	Celso

---

[50] En estos momentos, y hasta el XII Congreso de la UGT celebrado en Toulouse en agosto de 1973, los 9 miembros del interior eran los mismos en ambas Comisiones Ejecutivas (PSOE y UGT).

[51] Sustituyendo a Felipe González o a Alfonso Guerra.

[52] Alfonso Guerra, según sus *Memorias* había dimitido después de regresar de la reunión de la Comisión Ejecutiva del 6 de enero de 1973 por "motivos personales"... *Cuando el tiempo nos alcanza: Memorias (1940-1982)*, pp. 128 y 129. Pero como se ve por esta acta y las siguientes esa "dimisión" no llegó a la Comisión Ejecutiva del PSOE hasta su reunión del 23 de septiembre de ese año.

Secretario de Organización	T. Hernández (Múgica)
Secretario de Relaciones	N (Novo). Suplente de Hervás
Vocal	Ernesto
Vocal	Roque
(¿?)	M (Manolo). Suplente de Otilio

El 19 de julio de 1973 tuvo lugar en París una reunión de la parte del exterior de la Comisión Ejecutiva con dos representantes de la del interior: T. Hernández (Enrique Múgica) y Antón (José Antonio Saracíbar)[53], en la que el secretario de Propaganda del Exterior (Arsenio Jimeno) "se lamenta de la actitud de los compañeros de Sevilla que han devuelto un paquete de periódicos sin ninguna explicación. Los reunidos consideran que esta actitud es improcedente". Tomás y Antón "se quejan por las imputaciones que sufren algunos artículos enviados desde el interior".

A la reunión de la Comisión Ejecutiva del PSOE celebrada el 23 de septiembre de 1973 en "un lugar cercano a la frontera "asistieron por el interior:

Asturias	Bernardo y Otilio
Vizcaya	Juan y Celso
Guipúzcoa	Tomás Hernández
Madrid	Hervás y León (Novo)
Sevilla	Ernesto

Figuran como ausentes: Roque (Cataluña) y Andrés (Sevilla) que había dimitido.

La Comisión Ejecutiva decidió no aceptar la dimisión de Andrés y que se le siguiera convocando a las reuniones, pero a su vez decidió que "Jimeno y Hervás elaboraran el periódico y vieran juntos los detalles de este problema".

---

[53] Suplente de Nicolás Redondo.

En las reuniones celebradas por la Comisión Ejecutiva en Bayona durante el año 1974, la participación de los miembros del interior fue como sigue:

- Reunión del 6 de abril. Asistieron:

Asturias	Bernardo y Otilio
Vizcaya	Celso
Guipúzcoa	Tomás Hernández
Madrid	Hervás
Sevilla	Ernesto

Ausentes: Juan, Roque e Isidoro

- Reunión del 18 de mayo. Asistieron:

Asturias	Bernardo y Otilio
Vizcaya	Juan y Celso
Guipúzcoa	Tomás
Sevilla	Ernesto
Cataluña	Roque

Aunque Hervás no figura en la relación de asistentes, sí aparecen sus intervenciones en las actas. De Isidoro no se dice nada.

- Reunión del 13 de julio. Conjunta de las Comisiones Ejecutivas de la UGT[54] y el PSOE. Por el PSOE asistieron del interior:

Asturias	Bernardo
Vizcaya	Ricardo y Celso
Guipúzcoa	Tomás
Madrid	Hervás
Sevilla	Ernesto
Cataluña	Roque

---

[54] Los miembros del interior en la nueva Comisión Ejecutiva de la UGT después de su XII Congreso (agosto 1973) eran: Asturias (Agustín González y Marcelo García), Vizcaya (Nicolás Redondo y Eduardo López); Guipúzcoa (Enrique Múgica), Madrid (Pablo Castellano y Luis Alonso Novo) y Cataluña (Joaquín Jou y Jesús Mancho Atienza).

Ausentes Otilio y Felipe. De los miembros del exterior tampoco estuvo Arsenio Jimeno, que había dimitido[55].

En esta reunión se aprobó un "Plan de actividades y reestructuración del aparato clandestino del PSOE y la UGT", por el que los ejecutivos realizarían visitas a las Federaciones. Se nombró una Comisión (Tomás, Hervás, Ricardo (Nicolás), Felipe y Alfonso) para que preparara "los esquemas informativos y designe a los compañeros que se encargarán de hacer las visitas"[56].

Al día siguiente (14 de julio) la C.E del PSOE celebró su propia reunión.

La última reunión de la Comisión Ejecutiva antes del XIII Congreso tuvo lugar el 7 de septiembre. Igualmente se trató de una reunión conjunta de la Comisiones Ejecutivas del PSOE y de la UGT. Por el PSOE asistieron del interior:

Asturias	Bernardo y Otilio
Vizcaya	Ricardo y Celso
Guipúzcoa	Tomás
Madrid	Hervás
Cataluña	Roque

Figuran como ausentes. Ernesto e Isidoro (dimitido)

Aunque Felipe y Alfonso "en teoría" no formaban parte de la Comisión Ejecutiva por haber dimitido, seguían actuando y

---

[55]   La dimisión de Arsenio Jimeno tuvo que ver con la celebración de una Conferencia de Unidad Socialista celebrada en París del 28 al 30 de junio de 1974. En la reunión previa de la Comisión ejecutiva el 18 de mayo anterior, se designó a los representantes del PSOE en la misma (Tomás, Juan, J. Iglesias, Hervás, Roque, Otilio y Jimeno). En la reunión previa a la Conferencia "los compañeros del interior" excluyeron a Jimeno.

[56]   El "peso fuerte" de estas visitas a las Federaciones en los meses previos a la celebración del XIII Congreso del PSOE lo llevó Felipe González, que se recorrió España reuniéndose con dirigentes locales del PSOE. En concreto, en Madrid, la reunión tuvo lugar en el despacho de abogados de Gregorio Peces Barba en la calle Fernando VI, donde Felipe se encontró con la coordinadora de barrios de la capital de España..., más de 20 compañeros. La de Vizcaya se celebró en Ermua, igualmente con la presencia de Felipe González (Testimonio de Aurelio Martín Nájera, presente en la reunión de Madrid como representante del Comité de las Juventudes Socialistas en la coordinadora de barrios del PSOE).

colaborando como ejecutivos en activo[57]. De hecho, en esta reunión se aprueba celebrar un programa de "Ruedas de Prensa Internacionales" a celebrar en diversas ciudades europeas para informar sobre la celebración al mes siguiente del XIII Congreso del PSOE..., y en ambas se prevé su participación. Felipe junto a Carlos Pardo en Bonn (Alemania) y Alfonso junto a Manuel Simón en Lisboa (Portugal), ambas a celebrarse el 13 de septiembre siguiente[58].

Por tanto, la situación de la Comisión Ejecutiva del PSOE en vísperas del XIII Congreso era la siguiente:

Exterior: Carmen García Bloise, Fernando Gutiérrez, Francisco López Real y Juan Iglesias en activo. Dimitido: Arsenio Jimeno.

Interior: Agustín González, Marcelo García, Nicolás Redondo, Eduardo López, Enrique Múgica, Pablo Castellano, Guillermo Galeote y Joaquín Jou en activo. Dimitidos: Felipe González y Alfonso Guerra.

Fuentes: Archivo Exilio PSOE (AE 708- 6, 12 y 14); *Andalucía Socialista* (Noviembre 1973 y septiembre 1974); A. MARTÍN NÁJERA y A. GONZÁLEZ QUINTANA. *Fuentes para la historia de la Unión General de Trabajadores.*- Madrid: Editorial Pablo Iglesias, 1988, p. 618.

---

[57]   Corrobora esta afirmación las siguientes palabras de Enrique Múgica..."Tanto Felipe como Alfonso siguieron colaborando con nosotros, en la misma intensidad en que lo hacían antes de dimitir y no se adoptaron resoluciones importantes sin que su opinión fuese requerida y tenida en cuenta". E. MÚGICA HERZOG. *Itinerario hacia la libertad*, p. 119.

[58]   De la celebración de estas ruedas de prensa informó *Andalucía Socialista* en su número de septiembre de 1974.

3. Memoria de gestión de la Comisión Ejecutiva del PSOE

La Memoria del Congreso está formada por dos bloques de documentación:

A) Memoria de Gestión de la Comisión Ejecutiva. Con siete capítulos:
   XIII Congreso; Informe de la situación política; Organización; Prensa y Propaganda; Formación del Militante; Relaciones Internacionales y Administración

B) Propuestas de la Secciones al Congreso. Con seis apartados:
   Política; Internacionales; Organización y Estatutos; Prensa y Propaganda; Formación del Militante y Varios

La extensión de esta Memoria hace que aquí solo podamos reproducir una selección de la misma. Los capítulos íntegros relativos a Organización, Prensa y Propaganda y Relaciones internacionales, que creemos son los que mejor reflejan la "historia" y la situación del PSOE desde agosto de 1972 a octubre de 1974.

Organización[59]

DISIDENTES

El XII Congreso del Partido, a pesar de las singulares condiciones en las que tuvo que desarrollarse, mantuvo un elevado espíritu, desapasionado y sereno, dando una gran lección de su sentido de la responsabilidad a quienes maliciosamente se hicieron eco de la campaña tendenciosa que fomentaron los protagonistas de la disidencia.

Situándose por encima de esa campaña de intoxicación, llevado de un natural sentimiento de fraternidad, elevó su voz haciendo un llamamiento a los compañeros ausentes del Congreso para que, rectificando su actitud, dejasen de secundar los propósitos escisionistas del grupo minoritario de ejecutivos que se había colocado, deliberadamente, fuera de la disciplina del Partido.

El XII Congreso expresó de manera clara su severa condena por la arbitraria y abusiva actuación de esos compañeros, al mismo tiempo que marcaba la línea de conducta a seguir con las Secciones y los militantes sumados a la disidencia, con la esperanza de un pronto retorno al Partido.

La Comisión Ejecutiva, identificados todos sus miembros con ese estado de espíritu, no ha dejado de obrar en ese sentido con una entrega sin reservas al llamamiento del Congreso, firmemente decididos a no hacer más difícil lo que era ya, sin ninguna duda, una situación delicada y deplorable renunciando a vanas, estériles y dolorosas discusiones.

Nuestros Comités Nacionales, cada vez que se han reunido, han reiterado muy fraternalmente el llamamiento del Congreso. Y con motivo de la resolución tomada unánimemente, primero por la Comisión Especial y, después, por el Buró de la Internacional Socialista, condenando y negando a la disidencia su pre-

---

[59] Informe del secretario Juan Iglesias Garrigós con aportaciones de Enrique Múgica en lo que se refiere al Interior.

tensión a representar en su seno al Partido Socialista Obrero Español, volvimos, públicamente a requerir a cuantos se encuentran al margen de nuestra disciplina para que se reincorporen al Partido poniendo término a una actitud que no tiene ninguna razón de persistir. Sin que ello significará para nadie humillación. Nada más lejos de nuestro espíritu que un sentimiento de pernicioso triunfalismo.

Y en esa actitud estamos y creemos que hay que permanecer el tiempo que sea necesario, pues deseamos vuelvan al Partido esos compañeros con los cuales tantas luchas compartimos, y de cuya lealtad y adhesión al Socialismo nunca pusimos en duda. El Partido nos necesita a todos. Como nos necesita la clase trabajadora y España.

No vamos, pues, hacer en este capítulo de la Memoria, un análisis de los hechos pasados, ni tratar de nuevo conductas ya juzgadas y sancionadas, renunciando a ello antes de ofrecer la ocasión de nuevas especulaciones a quienes, en su obcecación o en su desarrollada irresponsabilidad, primero, provocaron la disidencia y hoy hacen todo cuanto está a su alcance por convertirla en una actitud permanente.

Nos vamos a limitar a que figuren en ella, acuerdos y documentos que, de manera irrefutable, prueban de qué parte estuvo y está el derecho, la legalidad, un ortodoxo sentido de nuestra democracia interna y quiénes fueron los que violaron esos valores morales.

Ya fueron dados a conocer en circulares, pero creemos que es conveniente quedan insertos en la Memoria que la Comisión Ejecutiva presenta al XIII Congreso.

Acuerdo del Comité Director reunido en Bayona el 11 de diciembre de 1971

A propuesta de la Comisión Ejecutiva, el Comité Director acuerda por unanimidad adelantar la convocatoria del XII Congreso ordi-

nario del P.S.O.E., que se celebrará los días 1, 2 y 3 de abril de 1972, lo que se comunicará con tiempo suficiente a las Secciones.

En circular n° 14, de fecha 15 de marzo de 1972, la Secretaría General anunciaba la ANULACIÓN de este acuerdo del Comité Director bajo la aparente "legalidad" de un escrutinio realizado el 12 de Marzo en la Secretaría que dio los resultados siguientes:

En contra de los acuerdos del C.D.: 32 Secciones representando a 683 afiliados.

En favor de los acuerdos del C.D.: 15 Secciones representando a 480 afiliados.

No vamos a entrar a demostrar que hubo falsedad en las cifras dadas por ese curioso escrutinio que, forzosamente, tiene que recordarnos a otros tristemente famosos "pucherazos" electorales. Pero, es evidente que entraña una grave responsabilidad anular, de la manera que se hizo, un Congreso decidido por UNANIMIDAD en el Comité Director.

Afirmamos que ni siquiera la Secretaría General se creyó en la obligación de convocar a la Comisión Ejecutiva, ni siquiera a todos los miembros del Exterior, como es obligado en un acto tan grave, PRIMERO, para verificar la autenticidad del escrutinio y, SEGUNDO, para examinar responsablemente sus resultados.

En la lista de las Secciones votantes, no figura ni una sola de España y, AFIRMAMOS, que en la Secretaría tenían que estar depositadas por las fechas del escrutinio, las votaciones de Guipúzcoa, Álava, Madrid, Asturias y Alicante con una suma global de votos de 1.312.

Así hay quien escribe la historia. Gracias a la serenidad y fidelidad al Partido pudo la mayoría de la Comisión Ejecutiva de entonces, salvar el grave momento creado por lo que a todas luces era una calculada provocación.

Acuerdo adoptado por 10 votos a favor y 5 en contra

1.º Los miembros de la C.E. residentes en el interior instarán aquellas personas o grupos que se reclaman del P.S.O.E. para su ingreso individual en las Agrupaciones locales ya constituidas, para que puedan ser tenidos como miembros de la Organización. En las localidades donde no exista Organización reconocida del P.S.O.E., la constitución de nuevas Agrupaciones se hará previa solicitud a la C.E., verificados los extremos de la misma.

2.º La C.E. del P.S.O.E. rechaza la existencia de una llamada Agrupación Socialista Madrileña, que ha suscrito acuerdos de colaboración con el llamado P.S.I., como no perteneciente a su disciplina y Organización.

Acuerdo adoptado por unanimidad

1.º Por unanimidad se acuerda convocar el XII Congreso del P.S.O.E. los días 13, 14 y 15 del mes de Agosto de 1972.

2.º El Comité Director y el Comité de Coordinación se reunirán el día 11 de Agosto de 1972.

Ni en "Le Socialiste" ni por circular se informa a las Secciones de estos acuerdos por la Secretaría General del P.S.O.E., lo que obliga a la parte de la C.E. del Interior, con fecha 21 de mayo de 1972, a enviar a la Secretaría la carta siguiente:

Compañero Rodolfo Llopis
Secretario General del P.S.O.E.
Toulouse. HG

Estimado compañero: No comprendemos el silencio de esa Secretaría General en relación con los importantes acuerdos tomados en la reunión del Pleno de la Comisión Ejecutiva, celebrada el día 15 de abril.

Exactamente son 36 los días transcurridos desde entonces, y repetimos que no nos explicamos su silencio en acuerdos tan importantes.

Suponemos que es inútil reclamemos se publiquen en LE SOCIALISTE, reclamación que por otra parte no debería hacer falta se hiciera dada la índole de los acuerdos tomados, pues de tal manera se explica que así se hubiera hecho ya.

Ante esa incomprensible actitud, y teniendo en cuenta que nuestras Secciones del Exilio tienen el derecho de ser informadas, nos dirigimos a ellas directamente comunicándoles los acuerdos tomados por el Pleno de la Comisión Ejecutiva del Partido.

Por la parte de la Comisión Ejecutiva
en el interior del P.S.O.E.
El Secretario de Organización
Goizalde.

Sigue la Secretaría General guardando un total silencio incumpliendo acuerdos de la parte de la Comisión Ejecutiva del Exterior, lo que obliga al miembro de la misma, compañero Juan Iglesias, a enviarle la carta siguiente:

Bayona, 5 de Julio de 1972
Compañero Rodolfo Llopis
Secretario general del P.S.O.E.
Toulouse (HG)

Compañero: Al regresar de Berlín de asistir al Congreso de los Sindicatos alemanes, me encuentro con un sobre sellado en Toulouse el 30 de junio pasado con una carta dirigida "a la parte de la CE residente en el interior" y un ejemplar de la Circular nº 15 a mi nombre, carta y circular suscrita por el compañero Martínez de Velasco.

No es mi intención entrar a polemizar con Vds. sobre las "razones" en que fundan su actitud en relación con los compañeros que en España asumen la grave y arriesgada misión de dirigir el Partido, que rechazo por injusta e insultante.

Próximo el Congreso del Partido, él juzgará las actitudes de unos y de otros, como siempre, en mi larga y accidentada vida de militante, me atendré a su fallo cualquiera que sea, y en nada se reducirán mis entusiasmos por seguir sirviéndole con el fervor de siempre.

Pero, no deja de preocuparme el que esa Secretaría General guarda en orden al cumplimiento de la decisión tomada por unanimidad en la reunión celebrada por el Pleno de la Comisión Ejecutiva plenaria en la reunión que celebró en Bayona el 22 de abril, de convocar el XII Congreso del P.S.O.E. para los días 13, 14 y 15 de Agosto de 1972.

En el Orden del Día que recibí como convocatoria a la reunión de la parte de la CE en el Exterior para el día 14 de junio, recibida por mí después de haber tenido lugar, procedimiento que viene siguiéndose de manera deliberada, había un punto 3 que textualmente dice lo siguiente:

Circular de Secretaría de Organización comunicado a las Secciones las fechas de la celebración del Congreso.

Desde entonces han pasado más de 15 días y no hay ninguna noticia de esa Circular de Secciones.

¿Qué se pretende con esa actitud?

Las fechas del Congreso adoptadas por todos los miembros del Exterior y del Interior están encima. Las Secciones deben reunirse, nombrar sus delegados. ¿Es que se han hecho las gestiones necesarias cerca de la Compañía de Ferrocarriles para obtener la reducción de la tarifa a los delegados? Según mis informes se necesita hacer la petición con un mes de anticipación a las fechas del Congreso.

Cuestiones todas estas que EXIGEN una respuesta URGENTE de esa Secretaría. En espera de ella, le saluda.

J. IGLESIAS

Como en otras ocasiones, tampoco hubo respuesta. Era manifiesta la voluntad de incumplir acuerdos tomados por unanimi-

dad, y la parte de la Comisión Ejecutiva del Partido en España,
asume la responsabilidad de su mantenimiento con el siguiente
comunicado a las Secciones:

PARTIDO SOCIALISTA OBRERO ESPAÑOL
ESPAÑA
A todas las Secciones y Grupos Departamentales del P.S.O.E.

Estimados compañeros:

Reunida la parte de la Comisión Ejecutiva residente en el
Interior, con la ausencia única de un solo miembro, pese a haber sido citado formalmente, ha acordado dirigirse a todas las
secciones y grupos departamentales del P.S.O.E. con objeto de
comunicar:

– Que en fecha 22 de abril de 1972, se reunió en el lugar acos-
tumbrado la C.E. plenaria, acordando, entre otras cosas, por unanimidad, convocar el XII Congreso Ordinario del Partido para
los días 13, 14 y 15 de agosto de 1972, designando como localidad para su realización la de Toulouse. Asimismo se adoptó el
acuerdo de convenio de convocar Comité Director para el día 11
de agosto de 1972, y conservando el día 12 para la presentación
y diligenciamiento de credenciales.

– Que estando en fecha próxima para la señalada a celebrar
el Congreso, comprobamos con gran alarma, que la Secretaría
General no envía la circular correspondiente a la convocatoria
antes aludida.

Por ello esta parte de la C.E. ha decidido dirigirse a las secciones y grupos departamentales con las siguientes razones:

1.º Entendemos que la demora en el cumplimiento del acuerdo de Ejecutiva plenaria pone en riesgo la celebración del XII
Congreso en la forma acordada.

2.º Creemos que la situación de la Organización exige se
cumpla rigurosamente con dicha convocatoria. La circular número 15 enviada por la suplencia de la Secretaría General en fe-

cha reciente, pone aún más de manifiesto el carácter inaplazable de nuestro Congreso.

3.º Confiamos en que la reunión de todos los representantes de nuestras secciones y grupos departamentales sirva suficientemente para aclarar la confusa situación en que se pretende situar a todos los afiliados del P.S.O.E. Por esta razón esta parte de la C.E. no ha querido enturbiar más la situación implicándose, en un intercambio de cartas abiertas, en asuntos que requieren la mayor ponderación.

En su consecuencia, en cumplimiento con el acuerdo unánime de la C.E. plenaria, del 22 de abril de 1972 y con el convencimiento de que con ello prestamos un servicio leal a nuestra Organización, hemos acordado:

PRIMERO: Comunicar a todas las secciones, grupos departamentales y afiliados, que el XII Congreso Ordinario del P.S.O.E. tendrá lugar en las fechas previstas en el acuerdo antes transcrito.

SEGUNDO: Delegar en los miembros de la Comisión Ejecutiva Julio Fernández y Juan Iglesias, la representación de la Comisión Ejecutiva, para la realización de cuantas gestiones fuesen necesarias para la celebración del 12 Congreso. Asimismo, se les faculta expresamente para recabar la ayuda y colaboración que estimen necesaria.

Vuestros y del socialismo
En nombre de la parte de la C.E.
en el interior

Secretario político	Secretario de Organización	Tesorero
JUAN	GOIZALDE	CELSO

Desde el Interior, 8 de Julio de 1972.

Fracasadas sus gestiones cerca de la minoría de la Comisión Ejecutiva, en rebeldía total y absoluta, con las normas democráticas que rigen en la vida del Partido, a todos sus niveles de organización, los compañeros Julio Fernández y Juan Iglesias asumieron la responsabilidad material de la Organización del XII Congreso.

COMUNICADO A LAS SECCIONES

Estimados compañeros:

Vamos a celebrar el XII Congreso del P.S.O.E. en los días 13, 14 y 15 del próximo mes de agosto, como acordó el Pleno de la Comisión Ejecutiva en Bayona en reunión celebrada el día 22 de abril de este año, a la cual asistieron los compañeros del Exterior: Rodolfo Llopis, José Martínez de Velasco, Miguel Armentia, Antonio Pallarés, Juan Iglesias, Julio Fernández e Ildefonso Torregrosa; por el Interior los ejecutivos: Juan, Goizalde y Celso, Pablo, Otilio, Roque, Pacho y Alfonso

ACUERDO TOMADO POR UNANIMIDAD
DEL PLENO DE LA EJECUTIVA

La actitud observada por la Secretaría General del Partido dejando pasar el tiempo sin cumplir con su obligación estatutaria de ejercer los acuerdos adoptados, ha dado lugar a la obligada intervención de los ejecutivos de España informando a las Secciones de las decisiones tomadas en la citada reunión plenaria de Bayona, así como de los ejecutivos que suscriben sin que se haya tenido respuesta alguna de la Secretaría.

Respetuosos con las decisiones tomadas en el Pleno de la Ejecutiva y convencidos que la situación actual del Partido exige que sus Secciones hagan valer su soberana voluntad, asumimos la responsabilidad de su Organización.

Fraternalmente vuestros y del Socialismo.

Secretario Administrativo   Secretario de Asuntos Sindicales
Julio Fernández   Juan Iglesias

Toulouse, 13 de Julio de 1972.

ORGANISMOS DEL PARTIDO - COMISIÓN EJECUTIVA

El XII Congreso ordinario celebrado por el Partido en agosto de 1972 tomó importantes acuerdos relacionados con las estructuras de la Comisión Ejecutiva, y con la novedad de instaurar por primera vez en la vida del Partido la llamada "dirección colegial", rompiendo con la línea tradicional seguida hasta entonces. Dice el acuerdo del Congreso:

"Con respecto a la composición, atribuciones y radicación de la Comisión Ejecutiva del P.S.O.E., el Congreso da por su aprobación a la propuesta de la Federación de Vizcaya con las modificaciones sugeridas durante los debates de la Ponencia, de tal forma que el texto definitivo de dicha propuesta sea el siguiente:

Primero. Desaparición del cargo de Secretario General del Partido.

Segundo. Ejecutiva colegiada, con plena responsabilidad de cada uno de sus componentes en cometidos concretos, aun cuando la gestión desea de conjunto, esto es: colegiada.

Tercero. Será compartida entre miembros residentes en el exterior y miembros residentes en el interior en igualdad de derechos, sujetos por las resoluciones del Congreso, al cual darán cuenta de su gestión, así como también al Comité Nacional siempre que éste se lo requiera.

Cuarto. La Comisión Ejecutiva se compondrá de catorce miembros, cinco residentes en el exterior y nueve en el interior.

Quinto. Los compañeros ejecutivos residentes en el exterior serán elegidos en el Congreso por la suma de votos de las Secciones del exterior y de las federaciones del interior que estén al día de sus cotizaciones, como marcan nuestros estatutos, y controlados, en lo que se refiere a las federaciones, por el compañero tesorero nacional en el interior, en comisión de credenciales. Las funciones de los miembros de la Comisión Ejecutiva residentes en el exterior serán las siguientes: Secretaría de Organización, Secretaría de Relaciones, Secretaría Administrativa, Secretaría de Prensa y Propaganda y Secretaría de Formación del Militante".

El Congreso eligió la parte de la Comisión Ejecutiva en el exterior designando a los compañeros siguientes:

Secretaría de Organización: Juan Iglesias
Secretaría de Relaciones Internacionales: Francisco López Real
Secretaría Administrativa: Fernando Gutiérrez
Secretaría de Prensa y Propaganda: Arsenio Jimeno
Secretaría de Formación del Militante: Carmen García

El nuevo Comité Nacional del Partido reunido durante los días 17 y 18 de marzo de 1973 procedió a la designación de los nueve ejecutivos del interior.

Desde que se terminó el XII Congreso, una de nuestras principales preocupaciones fue la de organizar un sistema de trabajo y de funcionamiento adecuado, no solo a las necesidades de la Organización sino también a las posibilidades que teníamos, dadas las nuevas formas de dirección y responsabilidad dedicadas por Congreso, recaídas en compañeros con obligaciones profesionales y geográficamente dispersos.

Decidido el traslado a París de la residencia oficial del Partido, sin que ello entrañe abandono de las oficinas que hasta entonces ocupara en Toulouse, inmediatamente se nos planteó el problema de su organización, de tal manera que en uno y otro lugar nuestra presencia fuese efectiva.

Sin que hayamos logrado la perfección ni mucho menos, creemos haber hecho frente a esas dificultades con éxito. Las oficinas de París fueron renovadas conforme a un plan de mejoramiento de locales, pues los encontramos en deplorables condiciones de abandono. Y tenemos asegurados un servicio auxiliar de los Secretariados y una Permanencia diaria.

En las oficinas de Toulouse, que de acuerdo con el Ejecutivo Federal del Alto Garona, del Partido Socialista francés, abrimos el 15 de Septiembre de 1972, un mes después de celebrado el Congreso, una parte de ellas fue de fue cedida a la Sección local de nuestro Partido, reservándonos la antigua Secretaría en la que el compañero Máximo Rodríguez Valverde, asegura una Permanencia.

Delegados de la Comisión Ejecutiva

El XII Congreso expresó su consentimiento a que cada Secretariado se organizase, si así lo estimaba necesario, con un equipo auxiliar de colaboradores, y en ese sentido y de acuerdo con la totalidad de la Comisión Ejecutiva, la Secretaría de Organización procedió a la designación de delegados en la República Federal de Alemania y en Italia encargados principalmente de asegurar relaciones directas con los partidos hermanos y otros organismos. En la R.F.A., el compañero Carlos Pardo es el delegado. En Italia, es el compañero Antonio Carasol.

Asimismo, y debido a la continuidad de las oficinas del Partido en Toulouse, se nombró delegado suyo en esa ciudad al compañero Máximo Rodríguez Valverde.

Sinceramente, creemos que este esquema de Organización, además de ser eficiente, está dentro de las preocupaciones que parecían dominar en el XII Congreso, de asegurar la presencia responsable del P.S.O.E. en centros políticamente importantes.

La Comisión Nacional de Conflictos

Los compañeros designados por el XII Congreso del Partido para formar parte de esta Comisión se reunieron, convocados por el Secretario de Organización de la Comisión Ejecutiva, el día 23 de noviembre de 1972, con el fin de constituirla formalmente.

Presidida por el compañero Juan Iglesias, en representación de la Comisión Ejecutiva, la Comisión quedó constituida de la manera siguiente:

Secretario:	Francisco Rodríguez
Vicesecretario:	Pedro Julián
Vocales:	Aurelio Benedit,
	Antonio Carrón,
	Santiago Cuevas,
	Santos Fernández.

Solidaridad Democrática Española

Para el Comité Central de este Organismo, en el que colaboramos con la Unión General de Trabajadores y la Federación Nacional de Juventudes Socialistas, fueron designados los compañeros, Carmen García, Fernando Gutiérrez y Juan Iglesias, siendo su actual composición la siguiente:

Presidente:	Juan Iglesias (P.S.O.E.)
Secretario:	Antonio García Duarte (UGT)
Tesorero:	José Mata (UGT)
Vocales:	Máximo Rodríguez Valverde (UGT)
	Fernando Gutiérrez (P.S.O.E.)
	Carmen García (P.S.O.E.)
	F.N.J.S. (sin designar)

Como saben los compañeros, es por conducto de la Unión General de Trabajadores por donde se canalizan las ayudas materiales así como cuantas gestiones hay que realizar cerca de los Organismos de Ayuda a los Refugiados.

Es también en los Congresos que celebra la Organización sindical hermana en donde se examina su gestión, pero a título de simple información a nuestras Secciones del Partido precisaremos que gran parte de las modesta obra de solidaridad que este organismo realiza se debe principalmente a una organización de ayuda alemana que preside nuestro compañero HEINZ RUHNAU, llamada "Deutsches Komitee" de Hamburgo; y al "Spanish Refugee Aid" de Nueva York que con tanta abnegación anima Nancy McDonald.

Durante esta última parte de su ejercicio, año 72 y 73, sus ingresos fueron:

– Por cuotas y ayudas de los afiliados:	4.675,25 frs.
– Por donativos:	28.955,68 frs.
Total:	33.630,93 frs.

– Sus gastos en concepto de ayuda a
compañeros del Exterior y del Interior   35.630,93 frs.
Su déficit ha sido enjugado con las reservas de saldos anteriores.
ENCAJA EL 31 DE MARZO DE 1974:   22.714,53 frs.

Comité Nacional

El XII Congreso del Partido en relación con tan importante Organismo, adoptó dos importantes decisiones: darle su denominación tradicional y atribuirle plenamente su autoridad.

El llamado Comité Director desaparece para, en su lugar, reaparecer el "Comité Nacional" representante general del Partido, modificando el artículo 10 del Título tercero de nuestros Estatutos.

A la parte del Partido en el exterior correspondía elegir SIETE Vocales efectivos, y SIETE suplentes, lo que le obligaba a una sensible reducción de las zonas que hasta entonces habían sido de doce.

No fue fácil su organización por nuestra preocupación en darles, en razón de su proximidad geográfica, muy relativa, un cierto sentido orgánico y, en razón del número de afiliados, un cierto equilibrio.

Por otra parte, las condiciones excepcionales en las que la Comisión Ejecutiva iniciaba sus tareas de dirección, bien conocidas de todos, exigía que en el plazo más breve posible de tiempo, tan importante organismo del Partido fuese elegido y entrase en funciones.

En septiembre de 1972 fueron aprobadas, por parte de la C.E. en el exterior, las Zonas propuestas por la Secretaría de Organización:

CINCO para Europa,

UNA, constituida por las Agrupaciones de África,

OTRA, por la Agrupación de México,

En diciembre de ese mismo año, cumplidos todos los trámites estatutarios, pudimos informar a nuestras Secciones de la composición del Comité Nacional con los compañeros siguientes:

Zona 1.	Vocal efectivo:	Purificación Tomás
	Vocal suplente:	Manuel Ortuño
Zona 2.	Vocal efectivo:	Fabián Ramos.
	Vocal suplente:	Fernando Márquez.
Zona 3.	Vocal efectivo:	Manuel Martínez Cruz.
	Vocal suplente:	Josefina Vidal.
Zona 4.	Vocal efectivo:	Emiliano Iglesias.
	Vocal suplente:	Antonio Abascal.
Zona 5.	Vocal efectivo:	Ramón Hernández.
	Vocal suplente:	Mariano García gala.
Zona 6.	Vocal efectivo:	José Barreiro.
	Vocal suplente:	Máximo Rodríguez Valverde.
Zona 7.	Vocal efectivo:	Paulino Barrabés.
	Vocal suplente:	Benito Alonso

Por su parte, de acuerdo con la voluntad manifestada por el XII Congreso, nuestras Federaciones de España, procedieron a la designación de los NUEVE Vocales efectivos al Comité Nacional, completándose con ello su composición.

Reunión del Comité Nacional

Tres meses más tarde de su elección se reunía el Comité Nacional del Partido en lugar próximo a la frontera franco-española, durante los días 17 y 18 de marzo de 1973. Sus sesiones fueron presididas por un compañero del Interior, asistiendo en pleno la Comisión Ejecutiva, los Vocales efectivos del exterior y los suplentes, compañeros Benito Alonso, Josefina Vidal y Máximo Rodríguez, así como los representantes de nuestras Federaciones clandestinas de España. Se encontraba así mismo presente un representante de la Federación Nacional de juventudes socialistas de España.

La parte de la Comisión Ejecutiva del exterior presentó una detallada Memoria de su gestión a partir del XII Congreso dividida en los apartados correspondientes a cada Secretariado:
- Organización
- Relaciones Internacionales
- Prensa y Propaganda
- Tesorería y Administración
- Formación del Militante

Después de la amplia información verbal de los compañeros del Interior fue aprobada el conjunto de la gestión de la Comisión Ejecutiva por unanimidad.

Declaración del Comité Nacional

REAFIRMA la vigencia de la política actual del P.S.O.E. dedicada a:

- Fortalecer y extender la potencia del P.S.O.E., como instrumento eficaz de movilización de los sectores de la población en lucha.

- Potenciar, de acuerdo con la U.G.T., los movimientos populares a través de instrumentos válidos, cuales son: los Comités de Fábrica, los grupos de acción en la Universidad y en los Colegios Profesionales, los Comités de Barrio y otros; dedicando especial atención a la implantación de la Organización y al desarrollo del movimiento obrero en el campo.

- Consciente de la trascendencia del problema de las nacionalidades, el P.S.O.E., apoyará las legítimas aspiraciones de los pueblos de las diversas nacionalidades ibéricas.

- Asimismo reafirma su voluntad de diálogo con todas las fuerzas de la Oposición que permita "analizar las coincidencias a fin de aunar los esfuerzos para conseguir el objetivo inmediato propuesto".

- El P.S.O.E. no aceptará ninguna alternativa que no tenga su fundamento en la libre expresión de la de la voluntad nacional.

– El P.S.O.E. se reafirma en su política favorable a la reunificación de cuántos grupos de la Oposición que reconozcamos socialistas. Y para ello, convocará a tales fuerzas a próxima reunión.

– En caso de no ser posible la inmediata reunificación de todas las fuerzas socialistas, propugnará por el establecimiento de estrechas relaciones que pudieran conducir a la constitución de una Confederación de Fuerzas Socialistas Ibéricas.

– El P.S.O.E. reafirma su incondicional y fraternal apoyo a la Unión General de Trabajadores de España, como expresión auténtica del sindicalismo democrático y revolucionario.

– Y ante los intentos fraccionistas que en su seno tratan de producir las mismas personas responsables de la disidencia en nuestro Partido, RECLAMA de sus militantes estrecha vigilancia y una vigorosa acción que haga fracasar tan condenables intentos que solo pueden favorecer al capitalismo y a su expresión política encarnada hoy en Franco, y mañana, en los que se presentan a ser sus herederos políticos.

18 de Marzo de 1973

Reunión Extraordinaria del Comité Nacional

En la ciudad de Toulouse, con fecha 11 de agosto de 1973, tuvo lugar la reunión extraordinaria del Comité Nacional, presidida por el Vocal de la Zona 4, compañero Emiliano Iglesias, y actuando de Secretario de Actas el representante de la Federación Nacional de Juventudes Socialistas de España.

Tres capítulos fueron examinados con especial atención por el Comité Nacional: el relacionado con las actividades de prensa y propaganda, las relaciones con otras fuerzas de la Oposición y las Internacionales.

Como en otros capítulos de la Memoria los Secretarios responsables de esas actividades informarán de ello, hemos de limitarnos a decir que fue aprobada la totalidad de la gestión por el Comité Nacional quien, además, adoptó la siguiente DECLARACIÓN:

El Comité Nacional del Partido Socialista Obrero Español reunido en convocatoria extraordinaria el 11 de agosto de 1973 en la ciudad de Toulouse (Francia). REITERA su llamamiento a los compañeros separados del Partido para que se reincorporen a sus respectivas Agrupaciones y Organización General, poniendo término a su injustificada actitud y, a tales fines, da MANDATO a todos los niveles de la Organización para que no se pongan obstáculos a las reincorporaciones de esos compañeros a las actividades del Partido.

Habiendo tenido conocimiento de la circulación de un escrito, suscrito por una inexistente Confederación del Centro del P.S.O.E. en el que se vierten graves calumnias contra compañeros y amigos de nuestra Organización, condena severamente tan cobardes y viles procedimientos que deshonran a sus autores, descalificándoles para reclamarse del honroso adjetivo de socialistas, al mismo tiempo que reitera su amistad y confianza a los compañeros y amigos ofendidos.

Aprueba la gestión de su Comisión Ejecutiva, expresándola su total confianza.

11 de Agosto de 1973

SECCIONES DEL PARTIDO

A los casi 35 años de Exilio, lo excepcional, lo históricamente ejemplar, es que el Partido Socialista Obrero Español siga manteniendo con fuerza su presencia política, en los países de Europa, principalmente, a través de sus Federaciones y Secciones.

Pero, el duro e implacable paso de estos años, con su secuela de muertes; el forzoso emigrar a otras tierras de otros Continentes; en no pocos casos, al final de una vida de luchas por el Ideal, el obligado retorno a España, son hechos que explican el descenso de nuestros efectivos en la Organización del Exilio.

Por otro lado, el desgarrón producido en las filas del Partido por el grupo minoritario de exejecutivos, de 30 al 35 por ciento de afiliados, forzosamente tenía que ser, y lo fue, un motivo más de perturbación en el ya difícil desenvolvimiento orgánico, aunque nos encontramos, a partir del XII Congreso del pasado agosto de 1972, en una vía ascendente, pues una parte de esos efectivos han sido recuperados y, otra parte, ha sido compensada por la constitución de nuevas Secciones.

Al informar con esta franqueza, pretende esta Secretaría que nuestras Secciones, nuestros militantes, se planteen la obligada cuestión de si han hecho todo cuanto podían y debían para mejorar la presencia del Partido, realizando cerca de los trabajadores españoles de la emigración propaganda de nuestros Ideales. El desarrollo de una Organización de clase como la nuestra depende, en buena parte, del esfuerzo de sus militantes.

Sabemos que no podemos pretender aumentar en extraordinaria medida la Organización del Partido en el Exilio, pero existe la posibilidad de desarrollarla allí donde se encuentran importantes núcleos de emigrantes españoles, en algunos lugares de Francia, en Bélgica, en Holanda, en la República Federal de Alemania, en Suiza, etc. Y en esta dirección hemos realizado nuestros mayores esfuerzos con cierto resultado, pues se han organizado varias Secciones y, otras, han aumentado sus efectivos, pero esos resultados no están en proporción a las posibilidades humanas que tan importante emigración de compatriotas nos ofrecen.

Naturalmente, que es en la propia España en donde el Partido, en este aspecto de nuestras actividades, está librando la principal "batalla" y, sin pecar de inmodestos, podemos afirmar que estamos en el buen camino para ganarla, pero, pensando precisamente en España, conviene que reforcemos fuera nuestra acción cerca de esa clase trabajadora representada por la nueva inmigración, con el fin de ganarla para nuestras ideas. Es una prueba a la que estamos sometidos y, en la cual, el Partido debe triunfar.

FRANCIA	ALEMANIA (R. F. A.)	
Alès	Rouling	
Besseges	Rennes	Ahlen
Bayona	Rodez	Berlín
Grupo del Cher	Saint Etienne	Colonia
Caen	Sète	Dortmund
Carcassonne	St Eloi les Mines	Dusseldorf
Castres	St Jean de Valeriscle	Frankfurt
Grenoble	Selles sur Cher	Gutersloh
Castelsarrasin	Grupo del Somme	Kassell
Grenade	Tarbes	Stuttgart
Gap	Toulouse	Siegen
Grupo la Gironde	Le Creusot	
Hendaya	Nantes	GRAN BRETAÑA
Limoux	BELGICA	Londres
La Grand Combe	Bruselas	ARGELIA
Lyon	Le Borinage	Argel
Montpellier	Liege	Orán
Mulhouse	Charleroi	
Macon	MARRUECOS	
Monteceau-les Mines	SUIZA	Casablanca
Marignac	Ginebra	Oujda
Mirepoix	Zúrich	
Nevers	HOLANDA	AMÉRICA
Nimes	Amsterdam	México
Oullins-Soucieu	Rotterdam	
Oloron-Ste-Marie	Hengelo	
Perpignan	Utrecht	
Pau	Veenendaal	
Prades		
Grupo del Sena	TOTAL	70 SECCIONES
	AFILIADOS	
	SUMADOS	
	LOS DIRECTOS	1.500

Es evidente la buena implantación del Partido en lugares y centros de importancia como el Sena, y con la importante Agrupación de París; al mediodía de Francia, con la no menos importante Agrupación de Toulouse y en las dos fronteras de Francia con El País vasco y Cataluña, con las Secciones de Pau, Bayona, Hendaya y Perpignan. En cuanto a otros países basta ver la relación de Secciones para darse cuenta de su multiplicación.

Hemos mantenido desde el XII Congreso no poca correspondencia con Secciones y con afiliados directos. Se ha asistido a Congresos Departamentales. Mantenido conversaciones con algunos Comités aprovechando nuestros desplazamientos a reuniones internacionales o de Ejecutiva, etc.; sobre todo, pudimos celebrar en Stuttgart (RFA) una importante reunión de las Secciones del Partido en Alemania los días 27 y 28 de octubre de 1973 con el fin de examinar, entre otros aspectos de nuestras actividades, el de nuestra propaganda y reforzamiento y extensión de nuestra presencia política en la migración.

En febrero de este año en visita a Holanda una delegación del Partido pudo celebrar con nuestras Secciones una serie de reuniones relacionadas con problemas orgánicos.

En fin, que a pesar de una situación con tantos y tan complejos problemas como los encontrados por la Comisión Ejecutiva, estimamos haber atendido eficientemente las exigencias de un normal desenvolvimiento de nuestra Organización, queremos decir de nuestras Secciones, con un sensible aumento de ellas y de afiliados desde el pasado Congreso.

GRUPOS REGIONALES EN EL PARTIDO

COMISIÓN SOCIALISTA ASTURIANA

Desde la celebración del XII Congreso del P.S.O.E., la Comisión Socialista Asturiana prosiguió sus actividades como de costumbre. La pequeña y ya moribunda escisión que se produjo después del mentado Congreso, tuvo muy reducidas consecuencias en el conjunto de la colectividad socialista asturiana. Solo una escasa docena de compañeros dejaron de prestarnos su concurso. Entre ellos hay excelentes compañeros. Estos volverán quizás al seno del Partido cuando hayan comprendido su error, la evidente inmotivación de su apartamiento. Uno o dos pueden quedar donde están. El Partido nada gana con recuperarlos.

La Comisión Socialista Asturiana, de acuerdo con el Estatuto que la rige, limita sus actividades al estudio, la solidaridad y la relación. Cada uno de sus miembros opina como mejor le parece. Sobre los problemas del Partido y actúa en el seno de la Sección a la que pertenece como su leal saber y entender le dicta. Colectivamente nos está prohibido tomar partido por esto o por lo otro, y es deber nuestro respetar la doctrina y los acuerdos que inspiran y regulan las actividades del P.S.O.E.

Nuestra principal preocupación consiste en ayudar a los compañeros que luchan en Asturias. En el curso de los dos últimos ejercicios contables (balances de 1972 y 1973) pusimos a la disposición de los compañeros de Asturias 39.209,20 Frs, y los fondos que posee la Comisión Socialista Asturiana están siempre a su disposición. Si de algo estamos orgullosos es de aportar esta solidaridad, que no es de ahora, sino que data de los tiempos difíciles que siguieron el término de la guerra civil, periodo durante el cual, no pudiendo hacer mucho por los compañeros que se batían en las montañas de nuestra región, aislamos a los veteranos imposibilitados de trabajar, a los mutilados y a los enfermos. Así, pues, la práctica de nuestra solidaridad efectiva tiene la misma duración que nuestro doloroso exilio.

Hemos hecho y hacemos otras cosas tanto en orden a la relación como al estudio pero algunas de ellas no son materia para ser publicadas en esta memoria.

Entre los asturianos de la expatriación y los que mantienen vivas nuestras organizaciones clandestinas en Asturias nunca hubo discordia, oposición ni ausencia de fraternidad solidaria. Siempre nos hemos comprendido mutuamente y si alguna vez sucedió un conato de incomprensión, pronto lo disipamos mediante el contacto y el trato fraternales. En esa vía estamos y en ella queremos continuar hasta que liberada España, podamos abrazarnos y reanudar juntos la batalla por el socialismo.

F.U.S.O.A. es un Fondo de Solidaridad formado en Asturias por las organizaciones clandestinas para ayudar a los perseguidos y represaliados. F.U.S.O.A. ayuda a las víctimas de la lucha obrera, a los más necesitados, sin distinción del color político o sindical de las víctimas; a nadie que lo necesite y lo merezca se le pide el carnet del partido o del sindicato clandestino a los que pertenezca, si pertenece a alguno.

Así mismo, lo que alimentan el fondo de solidaridad de F.U.S.O.A. pertenecen a las diversas tendencias políticas y sindicales de la oposición al franquismo: estudiantes, profesores, maestros, empleados, obreros, comerciantes y pequeños industriales. Son, sea cual fuere su profesión y condición social, los que se sienten solidarios con los que sufren el rigor de la tiranía franquista y padecen las insolentes y brutales injusticias de los empresarios.

En esta magnífica tarea de solidaridad, que ya tiene varios años de existencia, intervienen nuestros compañeros del Partido, de la Unión y de las JJ.SS. Nuestros compañeros de Bélgica, Suiza, Alemania y la CSA han aportado, con más o menos regularidad, su asistencia a F.U.S.O.A. mediante el envío de fondos. Ello, claro está, independientemente de las aportaciones de nuestras organizaciones clandestinas asturianas y de lo que estas y la C.S.A. hacen a favor de socialistas y ugetistas.

Por la Comisión Socialista Asturiana
José Barreiro
Secretario

COMITÉ CENTRAL SOCIALISTA DE EUSKADI

Teniendo en cuenta la incorporación de jóvenes compañeros al Partido conviene, para su información, precisar, brevemente, cómo nace y cuál es la misión de este Comité Central representativo de los socialistas del País Vasco.

Nacido como consecuencia de la concesión por el Parlamento de la República del Estatuto de Autonomía al País, vino a sustituir al comité de la Federación Vasco-Navarra, emanación de las diferentes Federaciones Provinciales del P.S.O.E.

En el exilio, mantiene relaciones formales con los Grupos de socialistas vascos y con afiliados directos, y en cuantos Congresos el Partido ha celebrado, ha procurado reunir a los compañeros con el fin de informarles de los problemas concernientes a sus específicas actividades y conocer las opiniones que pudieran merecerles.

En el Interior, conocida es la fuerte presencia en la lucha contra la dictadura que mantienen las Federaciones del Partido en Euskadi, sosteniéndose entre los responsables del Comité Central relaciones y entrevistas con relativa frecuencia.

En virtud de la existencia del Gobierno de Euskadi, el Comité Central continúa colaborando en su seno con un Consejero, el cual informa de sus actividades y acuerdos.

A la liberación de Francia, las Organizaciones políticas y sindicales vascas, establecieron el llamado "Pacto de Bayona" en el que reafirman la unidad de estas fuerzas y su apoyo al Gobierno, constituyéndose en "Consejo Consultivo Vasco", organismo que por su fuerte representatividad juega importante misión de colaboración y apoyo al Gobierno.

En el Interior a través de los Consejos Delegados del propio Gobierno Vasco y de las Juntas de Resistencia, en las que colaboran las diferentes fuerzas nacionalistas, republicanas y del Partido, se proyecta con la lealtad de siempre la unidad de la democracia vasca.

Dentro de este contexto, trazado someramente, colaboran y trabajan por las Ideas los socialistas vascos, en perfecta comunión con todos los compañeros que militan en el Partido Socialista Obrero Español a cuya Organización General tienen el orgullo de pertenecer.

En el exterior, la composición del Comité Central Socialista de Euskadi, es la siguiente:

Presidente: Julio Fernández
Secretario: Enrique de Pablos
Vicesecretario: Marcos Vitoria
Tesorero: Antonio Marcos
Vocal: José Macua

JUVENTUDES SOCIALISTAS

El Partido, en su larga existencia, y a pesar de las singulares condiciones en las que se ha visto obligado a desenvolverse, ha prestado a las actividades de la Federación Nacional de Juventudes Socialistas el máximo interés, convencido de que nuestros concursos de todo orden redundarían en beneficio de nuestros comunes Ideales.

Sus actividades en el campo obrero como en el universitario en España, cuando redactamos esta nota, han comenzado a dar sus frutos contando nuestra federación de Juventudes con una importante organización clandestina íntimamente asociada a las actividades y luchas del Partido.

Es para nosotros, el Partido, el poder manifestar que no se plantean graves problemas divergentes, una extraordinaria satisfacción. Al mismo tiempo que afirmamos que el concepto de servicio al Partido como valioso instrumento auxiliar del mismo inspira la línea de conducta de los responsables de la Federación Juvenil.

Pero, deseamos una Juventud dinámica, con espíritu de iniciativa en el campo que la compete, con sentido de responsabilidad, y en este orden en cuantas ocasiones se nos ha presentado hemos intervenido cerca de nuestras Secciones y Federaciones, reclamando de todas ellas la misma solidaridad y atención a las Juventudes del Partido, aconsejando la incorporación progresiva de los jóvenes a los cargos de responsabilidad.

En 1973, tuvo lugar en París el V Congreso de la Federación, que fue una evidente manifestación de fuerza y personalidad, por el número de congresistas, por las importantes delegaciones fraternales y por la seriedad y el tono de los debates, con un fondo revelador de sincera pasión.

En las reuniones que periódicamente celebran la Comisión Ejecutiva del Partido y el Comité Nacional está presente una delegación oficial de la Federación de Juventudes, y en cuantas circunstancias ha sido posible no le han faltado nuestra ayuda económica, por separado de la que son carácter permanente reciben de nuestra Tesorería nacional.

Hoy, Partido y Juventud, marchan firmemente unidos por la misma ambición: acelerar el fin del franquismo y el establecimiento de la Democracia en España en marcha hacia el Socialismo.

CONSEJO FEDERAL ESPAÑOL DEL MOVIMIENTO EUROPEO

El Consejo Federal Español desde el año 1949 forma parte del Movimiento Europeo y en él se encuentran representadas las grandes tendencias democráticas, así como los grupos étnicos que componen la comunidad española. Son las siguientes:

– Demócrata Cristiana
– Socialista
– Liberal
– Grupo Vasco
– Grupo Catalán y
– Grupo Gallego

En tanto que Sección del Movimiento Europeo colabora activamente a la constitución de una comunidad europea de tipo federal: los Estados Unidos de Europa, abiertos a todos los países democráticos del Continente, comunidad basada en una Constitución respetuosa de la personalidad humana y de las libertades fundamentales.

En tanto que Consejo Federal Español se pronuncia en favor de la instauración en España de las instituciones democráticas que condicionan su integración a la Comunidad Europea.

El Consejo dentro de ese contexto, por su amplia representatividad, juega un papel importante saliendo al paso de las campañas en el extranjero de los agentes franquistas que pretenden hacer valer la idea de una "evolución" del régimen. Por otra parte, nuestra presencia en la C.F.E. estaría justificada suficientemente por las excepcionales posibilidades de diálogo y confrontación que ofrece a las fuerzas de la Oposición democrática al régimen franquista.

Dentro de esas perspectivas que a juicio de nuestro Partido ofrecía el C.F.E. de diálogo y concertación no solo a nivel europeo sino como instrumento operativo dentro de España frente al régimen, a propuesta de la delegación socialista fueron adoptadas por el Consejo, en su reunión del 6 de octubre de 1973, con asistencia de representantes del exterior y del Interior, en París, las directrices siguientes:

a) El Consejo Federal es un órgano colectivo, sin distinción jerárquica entre sus miembros residentes en el exterior e interior del país.

b) En su seno, dentro de su responsabilidad global, se distribuyen sus funciones e iniciativas, correspondiendo primordialmente la acción política a los miembros del C.F. residentes en el interior.

c) El C.F. proyectará su acción política promoviendo el desarrollo de acciones conjuntas de lucha por la democracia, con otras fuerzas políticas y sindicales, sin menoscabo de su actual composición y esencia.

d) La privativa ideología y táctica de cada organización no se verá menoscabada por su coincidencia en el seno del C.F. y quedarán las organizaciones que lo componen la libertad de actuación en otros frentes o equipos políticos siempre y cuando estas relaciones no contradigan la finalidad del C.F. del M.E. de ofrecimiento de una alternativa democrática y eliminación del sistema totalitario español.

El Consejo Federal en el exterior se reúne con regularidad y participa en las tareas del Movimiento Europeo, reuniones de los Secretarios de los respectivos Consejos Nacionales y de su Comité Director.

Actualmente, su Presidente es don Manuel de Irujo, destacada personalidad del Partido Nacionalista Vasco, y exministro de Justicia del Gobierno de la República.

La Secretaría General la ocupa un destacado economista, Macrino Suárez, también destacada personalidad de Acción Republicana Democrática Española (ARDE).

Nuestro Partido está representado en el exterior por los compañeros:

Carlos Martínez Parera	(Vice-presidente del C.F.E.),
Carmen García	(Tesorera del C.F.E.),
Arsenio Jimeno,	
Ramón Hernández,	
Fernando Gutiérrez.	

En lo que al interior se refiere se encuentran también designados los compañeros que en nombre del P.S.O.E. colaborarán en el Consejo.

El Movimiento Europeo se propone realizar una gran campaña de información para activar la unificación de Europa la solución de los problemas políticos actuales, con el apoyo de los Partidos políticos europeos que componen todo el Movimiento.

Por su parte, la labor específica del C.F.E. sin abandonar el trabajo que el Movimiento le pida, es la de mantener el cumplimiento del Tratado de Roma, es decir, CERRAR LA PUERTA AL FRANQUISMO. Sólo una España democrática puede abrirla.

UNIÓN GENERAL DE TRABAJADORES DE ESPAÑA

Las relaciones del Partido y de la Unión General de Trabajadores son tan estrechas y fraternales como lo fueron siempre. Fuera y dentro de España. Siempre que las circunstancias lo exigen,

Comisiones Ejecutivas se reúnen conjuntamente. Y siguiendo la línea de conducta practicada, puede decirse desde su existencia, cuando los acontecimientos lo requieren conjuntamente hacen oír su voz. En diversos organismos, juntos colaboran Partido y Unión: Formación del militante y Solidaridad Democrática. Independientes como Organizaciones, nos une la misma ambición de liberar al Hombre luchando por una sociedad socialista. Y hoy, frente al franquismo, juntos caminamos fuera y dentro de España, en el Exilio y en la clandestinidad, en la conquista de la Democracia, necesaria a la radical transformación de la sociedad capitalista.

Esta identificación de pensamiento que se traduce por una conjugación de esfuerzos en pro de comunes ideales fueron, son y serán la mejor garantía para la clase trabajadora, la mejor garantía en su lucha permanente contra el Capitalismo.

Quiénes obcecados en servir otros intereses, quisieron atentar a la integridad, a la unidad de la Unión General de Trabajadores, encontraron siempre la oposición más firme de los hombres del Partido Socialista.

El último intento prosiguiendo su demencial política escisionista comenzada en el Partido, fue realizado por el grupo disidente, y, el Comité Nacional que celebramos en Marzo de 1973 salió al paso de la desleal maniobra con la declaración siguiente:

"El P.S.O.E. reafirma su inconducta nacional y fraternal apoyo a la Unión General de Trabajadores de España, como expresión auténtica del sindicalismo democrático y revolucionario.

Y ante los intentos fraccionistas que en su seno tratan de producir las mismas personas responsables de la disidencia en nuestro Partido. RECLAMA de sus militantes estrecha vigilancia y una vigorosa acción que haga fracasar tan condenables intentos que solo pueden favorecer al capitalismo y a su expresión política encarnada hoy en Franco y, mañana, en los que se presentan a ser sus herederos políticos"

La Unión General de Trabajadores como el Partido Socialista, en el exilio, marcan con más fuerza que nunca su presencia internacional, y, en España, defendiendo a los trabajadores en el duro en el duro y arriesgado combate clandestino a la cabeza de los grandes y casi permanentes movimientos de lucha. Juntos caminamos en esta hora de nuestra historia como en tantas otras que vivió España.

ORGANIZACIÓN Y ACCIÓN POLÍTICA INTERIOR

En el período transcurrido desde el XII Congreso el Partido, en su conjunto, ha crecido cuantitativa y cualitativamente siguiendo la pauta de las resoluciones aprobadas en el mismo.

A ello ha contribuido la nueva imagen de nuestra Organización presentándose como la más apta a expresar bajo una forma coherente, bajo un proyecto de sociedad la convergencia del enriquecedor pluralismo que se reclama del Socialismo en la Libertad. Y esta imagen, expresión de una praxis rigurosa viene incidiendo en

1.º EL DESARROLLO DEL PARTIDO

Cumpliendo lo resuelto por el XII Congreso hemos fortalecido y extendido la potencia del P.S.O.E. como instrumento eficaz de movilización a los sectores de la población en lucha.

En el Congreso de agosto de 1972 estuvieron representadas once federaciones: Álava Alicante, Asturias, Barcelona, Córdoba, Guipúzcoa Madrid, Sevilla, Valencia, Valladolid y Vizcaya.

Desde entonces hasta la fecha otras se han incorporado a la Organización General: Cádiz Canarias, Galicia, Granada, Huelva, La Rioja, Navarra y Salamanca.

La mera enunciación contrastada con el trabajo realizado significa un crecimiento continuo en las ya existentes, al mismo tiempo que al renacer de nuestras Secciones en zonas, donde las florecientes Casas del Pueblo fueron arrasadas por la represión de la guerra civil y de la inmediata posguerra.

El aumento de la Resistencia contra el Régimen posibilita que, espontáneamente, surjan en los más distintos lugares grupos a los que llegan, por uno u otro cauce, nuestros ecos, nuestra propaganda, y que por diversos caminos se ponen en contacto con compañeros nuestros. Son grupos que se autodefinen, y que son, Socialistas, y que terminan por incorporarse a la fuerza que va siendo ya el Partido.

No nos cabe duda de que la intensificación de las luchas multiplicará tan prometedor fenómeno.

La extensión y fortalecimiento del Partido se refleja en los diferentes sectores de la actuación política. Así en:

A) En el seno de la clase trabajadora

Donde se ha trabajado conjuntamente con la U.G.T. Por ello los socialistas en su antagonismo frente al sindicato oficial no se han reducido a la mera denuncia, sino que han planteado la alternativa de las asambleas y de los comités como plataformas idóneas para la formulación de las reivindicaciones, y para que todo el colectivo obrero protagonice la batalla en torno a las mismas. La discusión y elaboración de dichas reivindicaciones teniendo en cuenta las probabilidades reales de conseguirlas, su popularización, y la decisión en la lucha al llevarlas a la práctica, han consolidado la inserción de los socialistas en el interior del movimiento obrero.

En los conflictos de la minería asturiana, de la metalurgia en Euskadi, de la flota congeladora de Huelva, de la construcción en Madrid y Valladolid, del textil en Alcoy, de la Banca, de SEAT, en cientos de acciones han estado presentes los militantes del P.S.O.E.

Además de nuestra tradicional inserción entre los obreros industriales y los mineros, el Partido se ha dedicado a extender su organización entre los trabajadores del sector terciario, pues las huelgas planteadas en la Banca, en los últimos años, han revelado un alto grado de combatividad que influirá, cada vez más, en el movimiento obrero.

B) En el seno de los otros movimientos populares

En una sociedad, como la española, en la que al lado de las organizaciones políticas clandestinas, existen vanguardias politizadas al nivel teórico como al específicamente reivindicativo, pero desorientadas en relación al ineludible compromiso de Partido, se revela como ineludible la atención hacia los movimientos populares en que aquellas vanguardias muestran su actividad. Así en:

a) Comités de barrio y de solidaridad

En áreas donde la presencia de las organizaciones políticas y sindicales no se puede expresar en primer término, porque la concienciación es más lenta, los socialistas acuden donde las tensiones se producen. Por ejemplo, estas se manifiestan al apreciar en los barrios nacidos al socaire de la especulación las carencias de elementos de urbanización esenciales, tales como viales, traída de aguas y alcantarillado insuficientes, dotaciones escolares míseras, transportes ruinosos y caros, ausencia de parques y zonas verdes. La creación de comités de barrio, en los que los socialistas participan consecuentemente, está llevando a los vecinos al descubrimiento de que son las estructuras empresariales y caciquiles alimentadas por la Dictadura, y está en última instancia, los responsables de tal situación. Los compañeros han sabido comprender las posibilidades de movilización popular que tales plataformas encierran, y les han prestado su apoyo.

Con la misma orientación se colabora en los comités represivos que en zonas, como El País vasco, son susceptibles de aglutinar a muchas personas, de diversas capas sociales, ya que, junto a la represión antiobrera se alinea la que se ceba sobre los movimientos nacionalistas.

Destaquemos, también, la presencia activa de los compañeros en organismos unitarios de solidaridad para ayudar a los despedidos y represaliados, como consecuencia de las luchas proletarias, como viene sucediendo en Asturias.

b) Colegios y grupos profesionales

Las tensiones nacidas en los Colegios Profesionales, en cuyo seno se entrecruzan una mejor comprensión de las radical injusticia ambiente, los problemas surgidos en el ejercicio profesional, y la sensación de ahogo que la falta de libertad produce, son objeto de atención y actuación por nuestra parte.

Aprovechando las diversas circunstancias y, con mayor agudeza, las propiciadas por la renovación de los órganos de dirección de los Colegios, los médicos someten a debate la notoria insuficiencia de la Seguridad Social y de la Sanidad nacional; los abogados los desmanes de la represión y la carencia de las libertades mínimas propias del Estado de Derecho; los doctores y licenciados en Ciencias y Letras los gravísimos defectos del sistema educativo y los excluyentes criterios autoritarios que pesan sobre la inseguridad de su trabajo, y la cerrada y discriminatoria selectividad; los técnicos y los economistas, las notorias carencias estructurales que llevan a la infrautilización de sus capacidades. Y todos ellos sus reducidos ingresos.

Los militantes del Partido que intervienen en este sector ejercen una creciente influencia en la dinámica antifascista del mismo. Y hasta el propio Régimen la ha reconocido cuando con ocasión de las últimas elecciones para renovar la Junta de Gobierno del Colegio de Abogados de Madrid, se repartió profusamente entre los colegiados y los medios informativos un documento en el que se imputaba afiliación a nuestras organizaciones a varios integrantes de la candidatura democrática.

En la lucha contra la nueva Ley de Colegios Profesionales, aprobada por las Cortes en el pasado enero, han participado, destacadamente, los socialistas.

c) Universidad

En la Universidad a la par que aumenta la participación de los jóvenes socialistas en las luchas estudiantiles, integrados en comités unitarios, la clarificación asumida por el XII Congreso se ha dejado sentir en la toma de posesión consecuente de un creciente sector de enseñantes, en las facultades de Letras, Ciencias Económicas y Políticas y Letras, principalmente.

Las perspectivas socialistas sobre el plano general se han concretado en militancia activa en nuestras organizaciones, en cuanto el Partido se ha revelado capaz de convertirse en el instrumento más apto para la resolución revolucionaria y democrática de los graves problemas con que se enfrenta el país en este momento decisivo de su Historia.

Los profesores socialistas –encuadrado sindicalmente en la Federación Española de Trabajadores de la Enseñanza (FETE)– están desarrollando activamente tareas de formación del militante en los diversos cursillos que vienen organizándose en varias Federaciones provinciales, al mismo tiempo que en unión de economistas y otros intelectuales del Partido se ocupan del centro de estudios que necesitamos, y en el que se elaborarán los materiales necesarios para suministrarnos el fundado conocimiento de la realidad española, para actuar seriamente sobre ella.

La atención al trabajo cultural, cada vez más exigente en una sociedad cada vez más compleja, es un imperativo inmediato para el Partido.

d) El campo

Aunque la importancia del sector agrario ha decrecido notablemente respecto a épocas anteriores, el peso de la agricultura todavía es principal en algunas regiones.

El XII Congreso llamó la atención del Partido sobre la necesidad de poseer una organización campesina suficiente. Sin embargo, a pesar de que se han dado pasos en tal sentido, nuestro trabajo ha sido débil cara a las tareas que propone el sector.

C) **Situación de la disidencia.**

Reducidos grupos de afiliados, particularmente veteranos, que habían personalizado al Partido en el, hasta el XII Congreso,

Secretario General, siguieron a éste y a la minoría de la Comisión Ejecutiva toma, en el intento escisionista.

Sólo unos pocos, muy pocos, lo hicieron porque de ese modo intentaban velar sus continuadas posturas inmovilistas. Los más, por carencia de información suficiente y veraz. Insistentemente nos hemos venido dirigiendo a estos últimos para que se reincorporaran al Partido no solamente documentándoles sobre los propósitos de la escisión sino, sobre todo, haciéndoles comprender en la práctica en qué lado se encontraba la ejemplaridad en la defensa y el desarrollo de las Ideas. También hemos de valorar en esta labor la contribución del reconocimiento por la Internacional socialista del Congreso de agosto como la instancia legítima y representativa del Partido.

La disidencia, que como opción política nunca tuvo salida, está terminando, ya que los afiliados, que entonces la apoyaron, la están dejando al percatarse de su inanidad. Las Secciones más importantes que la siguieron, las Federaciones de Salamanca, se han reincorporado la Organización general, y la información que nos llega apunta a que adoptarán la misma determinación los contados compañeros válidos que la sostuvieron.

2.º RELACIONES CON LOS GRUPOS SOCIALISTAS

Reagrupar las fuerzas socialistas dispersas por toda la geografía peninsular implica no solamente la integración en el Partido de los grupos y corrientes sin denominación determinada, pero con ideario socialista, que van surgiendo en diversas provincias españolas, sino proseguir con los intentos de coordinar la familia socialista, hasta el establecimiento de relaciones continuadas en marcos *ad hoc*, con las fuerzas de pareja ideología que se mueven en el ámbito de las nacionalidades.

Si bien desde el Congreso de 1918, y aprobando una propuesta de Besteiro, el P.S.O.E. preconiza como forma estatal una Confederación Republicana de Nacionalidades Ibéricas, de hecho tal formulación no se concretó en línea actuante, y estuvo derivando al compás de la orientación política de los partidos nacionalistas mayoritarios en las diversas áreas.

Así mientras apoyó la autonomía catalana por el predominio de la Esquerra, no intervino del mismo modo en Euskadi por la hegemonía que en el sector nacionalista ejercía el Partido Nacionalista Vasco, proclive entonces a soluciones regresivas. Y ni siquiera el concepto de nacionalidad como basamento de una concepción federalista del Estado fue ponderado por nuestros compañeros al debatirse la Constitución en las Cortes Constituyentes de la República. Posteriormente el Partido en la clandestinidad se empleó, estrictamente, con los recursos de que disponía en la tarea absorbente de combatir la Dictadura para restaurar las libertades democráticas individuales, al nivel de todo el Estado Español.

Sin embargo, en las nacionalidades peninsulares han nacido tendencias nacionalistas de izquierda sobre las que han aparecido grupos socialistas, los cuales, con mayor o menor fortuna, han llegado a influir en ciertos ambientes, principalmente del tipo intelectual y técnico, aun cuando el fenómeno no ha cuajado en los pueblos en los que nuestras organizaciones han mantenido, incluso en los peores momentos, posiciones fuertes, llegando a comprender la importancia de las aspiraciones autonómicas.

El reconocimiento por los distintos grupos del principio federal en el Estado Español, el de la necesidad de la unidad de la unidad de clase de cuantos viven y trabajan en las diferentes áreas peninsulares, y la coincidencia de las soluciones socialistas que unos y otros propugnamos, constituyen legítimos puntos de partida para la coordinación de la familia política a la que pertenecemos.

De aquí, los encuentros que han tenido lugar con el Movimiento Socialista de Cataluña, el Partido Socialista Valenciano, el Partido Socialista Gallego y U.S.O. para acordarnos en una actuación conjunta sobre la base de un programa mínimo entre afines, comúnmente definido.

3.º EL PROBLEMA DE LAS NACIONALIDADES

Cuando el Partido expresó en el XII Congreso que consciente de la trascendencia del problema de las nacionalidades apoyaría las legítimas aspiraciones de los pueblos de las diversas nacionalidades ibéricas, ratificaba la política que venía sosteniendo, y lo hacía con decisión, ya que las duras tensiones antifascistas que con este motivo se manifestaban, hacían comprender, hasta los más reacios, que la alternativa democrática propugnaba por la Oposición no podría consolidarse sin haber dado pasos importantes en la solución del problema.

No se trata, en este caso, solamente de nuestras relaciones con las fuerzas socialistas específicamente enmarcadas dentro de cada área diferenciada, sino de la vinculación a la cuestión general de la personalidad política y administrativa de esas mismas áreas.

En tal sentido la Federación Socialista de Cataluña forma parte de la Asamblea de Cataluña compartiendo sus trabajos y también la represión que sobre ella se abatió ya que había compañeros nuestros entre los 113 detenidos del pasado octubre.

Y, asimismo, desde la Guerra Civil, el Comité Central Socialista de Euskadi está presente en el Gobierno Vasco participando en la acción conjunta de las fuerzas en él integradas.

La Comisión Ejecutiva se ha reunido en Madrid y Barcelona con la Comisión Coordinadora de Fuerzas Democráticas de Cataluña, y en ambas delegaciones han confrontado amplia y rigurosamente sus análisis sobre la situación política expresando los respectivos puntos de vista para incrementar la lucha contra la Dictadura.

Frente a la tesis mantenidas por el centralismo de que las aspiraciones de las nacionalidades quiebran la unidad nacional, el P.S.O.E. viene afirmando que son precisamente esas tesis las fomentadoras –por ineludible reacción– de los separatismos; y que la unidad para que sea estable y fecunda ha de fundamentarse, necesariamente, sobre el libre consentimiento de los pueblos que constituyen España, habiéndose reconocido sus derechos diferenciales. Nadie como nuestro Partido, partido de clase y, partido por lo tanto, de la unidad de la clase trabajadora de toda España, hace más por su unidad estatal y, también, al mismo tiempo, en relación dialéctica, combate por el reconocimiento de las libertades de sus pueblos, al constituir éstas parte integrante de los indisolubles derechos fundamentales.

4.º UNIDAD DE LA OPOSICIÓN

El XII Congreso mandató a los organismos rectores del Partido para analizar las coincidencias en los grupos y organizaciones de la Oposición al Sistema político español a fin de sumar los esfuerzos contra el mismo.

La Comisión Ejecutiva, en el periodo transcurrido desde entonces, ha venido esforzándose en tal sentido sabiendo que solo la Unidad de cuantos quieren sustituir al Sistema por una Democracia plena es susceptible de movilizar a las masas, pero comprendiendo, también, que sin la decisión de éstas por apuntar con firmeza a tales metas cualquier unidad por arriba se vacía en mera superestructura. La Unidad ha de ser la confluencia de las luchas, y no solamente de su desarrollo sino, asimismo, de su preparación, lo que impone el concertarse previamente, en aquilatar los objetivos a alcanzar en cada momento, en armonizar las reivindicaciones, en que éstas respondan suficientemente a las exigencias populares, y en que su difusión se ejecute coherentemente.

En esta dirección podemos afirmar que la unidad de acción ha intervenido como factor importante en el crecimiento de las fuerzas de la Oposición en los diversos campos de actividad, principalmente en las fábricas, talleres y minas, pero también en la banca y otros servicios, entre los profesionales y en la enseñanza en sus diversos grados.

Consecuentes con estos planteamientos nuestras Federaciones han participado, conjuntamente, con las demás organizaciones de signo popular, en la práctica antifascista en Madrid, Cataluña, Euskadi, Andalucía, Asturias, Levante, Castilla, Galicia y Canarias, habiéndose llegado a constituir en algunas regiones plataformas de consulta y coordinación.

No podemos soslayar, sin embargo, el hecho de que en el camino de la unidad constituyen un freno actitudes que se resisten a despegarse de conocidas pretensiones hegemónicas. No obstante solamente consiguiendo avances unitarios se ejercerá influencia sobre los grupos y capas sociales todavía indecisos, pero que terminarán por integrarse en la alternativa democrática, a la par que se doblegarán aquellas pretensiones.

La Comisión Ejecutiva se ha reunido periódicamente desde el XII Congreso, y, además, cuantas veces circunstancias específicas lo requieran. Sus miembros han recorrido las Federaciones y han impulsado la Constitución de nuevas secciones. Haciendo acto de presencia en las reuniones y Congresos celebradas en el extranjero han trabajado por el prestigio y solidez del Partido en el seno del movimiento socialista internacional. Y con su participación en conferencias de la emigración económica han subrayado la importancia de este sector en la vida de la Organización.

La labor realizada, tanto en su aspecto orgánico como en el de las relaciones políticas, a pesar de sus insuficiencias, la creemos positiva. Todos los compañeros han hecho posible que entre los trabajadores manuales e intelectuales de nuestro país, el P.S.O.E., liberado de anacronismos historicistas, marginando perspectivas deformadoras de la realidad, elevando el espíritu crítico y formulando su intervención en la lucha, aparezca, ya, como el idóneo instrumento de combate por una Sociedad de Libertad y Justicia. Debemos caminar más aprisa, y poco tiempo tenemos porque menguado queda ya el Régimen.

En el período que entramos todos nuestros esfuerzos han de encaminarse a conseguir que el Partido Socialista Obrero Español, en las inéditas y originales circunstancias que nos aguardan, sea como en 1917, 1931 y 1936 la poderosa y libre organización capaz de abrir a la clase trabajadora y a los sectores progresistas de nuestros pueblos el camino del Socialismo. Y en esto estamos empeñados.

Prensa y Propaganda[60]

SECRETARÍA DE PRENSA Y PROPAGANDA

El XII Congreso del Partido aprobó por unanimidad la siguiente "Resolución sobre Prensa y Propaganda".

La ponencia propone: que el órgano de prensa del P.S.O.E. y portavoz de la U.G.T., debe reaparecer tan pronto como sea posible con su título original y todo contenido en castellano.

Por otra parte esta ponencia pide al Congreso que encargue a la C. Ejecutiva, nombre una Comisión que lleve a cabo un estudio técnico que indique la posibilidad de editar y difundir LE SOCIA-LISTE sin que éste siga representando un déficit permanente para el Partido. A este efecto, uno de los medios podría ser la reducción de su forma actual pasando a ser de 21 por 29 cm., es decir, la mitad del tamaño actual.

RESPONSABILIDAD DE "LE SOCIALISTE"

La responsabilidad del órgano de prensa del P.S.O.E. debe recaer sobre la totalidad de los miembros de la Comisión Ejecutiva que mantendrá en publicación una "TRIBUNA LIBRE" en la que cada afiliado puede expresar sus opiniones sus opiniones sin más limitaciones que las que imponga la Organización General del Partido y los acuerdos del Congreso.

La Ponencia recomienda a la Comisión Ejecutiva que haga posible que para el órgano de Prensa del P.S.O.E. refleje la situación real del país con actualidad suficiente y procure que la opinión del Partido sobre los problemas políticos económicos y sociales de grave importancia sea transmitida a los órganos de prensa y comunicación, nacionales e internacionales, con la mayor celeridad posible.

---

[60] Informe del secretario Arsenio Jimeno Vellilla con aportaciones de Pablo Castellano, encargado de Prensa del Interior desde agosto de 1973, después de la dimisión de Alfonso Guerra.

Asimismo la ponencia considera necesaria que la Comisión Ejecutiva se suscriba a las Agencias de Prensa que estime oportunas con el fin de que nuestros órganos de expresión puedan tener mayor eficacia.

REVISTA TRIMESTRAL

La ponencia considera que la Comisión Ejecutiva del Partido debe editar una revista TRIMESTRAL de carácter teórico que sea el medio de comunicación y propaganda de nuestras ideas.

PROPAGANDA

El Congreso encarga a la Comisión Ejecutiva la realización de un estudio que evalúe las necesidades técnicas, financieras y humanas, inmediatas para poder efectuar la propaganda escrita y audiovisual que necesita nuestro Partido. Este estudio deberá ser realizado en un plazo de tres meses a partir de la fecha en que se constituya definitivamente la Comisión Ejecutiva, y sus resultados comunicados a las secciones en un plazo no superior a 4 meses a partir de la misma fecha.

En la realización de este estudio se deberán tener en cuenta las posibilidades de utilización conjunta de los medios de propaganda con Organizaciones afines, con el objeto de conseguir una mayor eficacia y la redacción de gastos.

GRUPOS CULTURALES Y ARTÍSTICOS

La Ponencia recomienda a las Secciones y Grupos del Partido que apoyen decididamente a los grupos culturales y artísticos que por su actitud demuestren luchar por una mayor toma de conciencia de la clase trabajadora.

CAMPAÑAS DE PROPAGANDA

La Ponencia considera que la Comisión Ejecutiva deberá lanzar campañas propagandísticas y actos de afirmación socialista que sean secundados por los grupos y secciones del Partido en ocasión de acontecimientos importantes o fechas significativas que considere oportuna oportunas la Secretaría de prensa y propaganda.

O.I.D.E.

Con respecto a la OIDE, la ponencia considera que esta oficina debe ser suprimida dada su total ineficacia.
Toulouse, 14 de Agosto de 1972.

La C.E. para el cumplimiento estricto de la voluntad del Partido, se encontró con dificultades difícilmente superables. La mayoría de la C.E. anterior había suspendido la publicación de LE SOCIALISTE con el fin de sustraerlo a quienes los secuestraban ilegítimamente. Pero la medida, obligada e inevitable, nos colocaba en una situación incómoda.

Nos encontramos sin periódico, con la caja prácticamente vacía y con una considerable deuda al editor. Añadamos que, tanto en los medios socialistas de Europa como en el editor, se había sembrado la duda en cuanto a nuestra legitimidad, lo que hacía dudosa la reaparición. Fue menester un viaje a Marsella para convencer a la empresa editora de que, pese a la cuantiosa deuda contraída y las presiones permanentes, se efectuará la reaparición de LE SOCIALISTE.

Superados los obstáculos y afirmando nuestra inquebrantable un voluntad de hacer honor a los compromisos financieros que íbamos a contraer, salió LE SOCIALISTE con las características tipográficas anteriores, mientras se estudiaba la forma y manera de cumplimentar el acuerdo del Congreso.

Se publicaron del número 537 el número 544, ambas inclusive, con el formato anterior y con periodicidad quincenal.

A partir del número 542, se aumentó el precio a 2 francos ejemplar. Los sueldos fueron suprimidos desde que nos hicimos cargo de la dirección.

A partir del número 544, LE SOCIALISTE salió con el formato aprobado por el Congreso.

Tanto el aumento del precio del ejemplar como la publicación en el formato establecido por el Congreso, causó desagradable impresión en muchos compañeros que quizá no tenían consciencia de la desastrosa situación que, en todos los órdenes, habíamos heredado.

Al mismo tiempo editamos EL SOCIALISTA destinado a España y redactado toda en totalmente por los compañeros del interior. Se publicaron siete números[61], en espera de poder alcanzar la publicación de un solo periódico para el interior y la emigración: EL SOCIALISTA, totalmente redactado en español.

Para coronar la resolución del Congreso hicimos gestiones en Bélgica, cerca de nuestros compañeros socialistas belgas. Nuestros esfuerzos tuvieron feliz desenlace. y desde entonces, junio de 1973, se edita en "Le Peuple" de Bruselas.

Comunicamos las razones de nuestro traslado al compañero Deferre[62], recibiendo de éste una carta llena de comprensión y de fraterna solidaridad.

Nuestro afán de cumplir lo acordado nos dificultó la tarea en el terreno práctico. El fichero de Marsella era absolutamente

---

[61] Vimos en el apartado uno que los números publicados fueron nueve, uno de ellos extraordinario.

[62] Gaston Defferre (Marsillargues 1910 – Marseille 1986). Socialista francés que posibilitó durante años la edición del periódico del PSOE en Francia *Le Socialiste*. Miembro de la Resistencia durante la ocupación alemana (1940-1945). Alcalde de Marseille 1944-1945 y 1953-1986. Diputado, senador y ministro del gobierno francés. El socialismo español no ha reconocido suficientemente el apoyo recibido por Gaston Defferre durante su exilio en Francia. Lo mismo podría decirse respecto a Georges Brutelle (París 1922 – Mougins 2001), que desde 1961 a 1973 "figuró" como director de *Le Socialiste*, cabecera en francés de *El Socialista* del PSOE, para "burlar" la prohibición del gobierno francés en 1961 de la edición de publicaciones políticas extranjeras.

inutilizable. Tuvimos que improvisar soluciones hasta que nos ha sido posible rehacer por completo el fichero.

Lógicamente, EL SOCIALISTA tirado en Bruselas, debía escapar a la prohibición de EL SOCIALISTA por las autoridades francesas. Los embajadores de Franco en Bruselas y en París determinaron una reacción inmediata del Gobierno francés y la mayoría de los ejemplares del número 1 fueron secuestrados por la policía gala. La protesta del embajador franquista ante el Gobierno belga no tuvo el menor efecto.

EL SOCIALISTA ha seguido saliendo, y distribuyéndose en España con relativa normalidad y en número de ejemplares jamás alcanzado.

Hemos mantenido el periódico y saneado sus finanzas. Los subscriptores del exilio cubren los gastos que les corresponden. El esfuerzo económico consentido por los compañeros de España ha permitido que EL SOCIALISTA siga presente. Con enormes dificultades hemos alcanzado la meta que nos habíamos propuesto.

Pero, había otras metas. Un periódico español no puede responder a la actualidad española siendo redactado en el extranjero. Era necesario montar en el corazón de España un cuerpo de redacción que respondiera al imperativo señalado. No sin sortear grandes y diversos obstáculos, también esa meta se alcanzó.

Sería pueril y poco honesto ocultar que los fenómenos inherentes a la expansión del Partido en el interior, con las consecuentes secuelas de asimilación y de adaptación, han creado tensiones importantes que se han reflejado principalmente en la marcha interna del periódico. A ellas hemos hecho frente con ánimo impregnado de tolerancia y compañerismo, seguros de que el equilibrio lo recobraremos a poca voluntad que pongamos en ello.

El día 11 de agosto de 1973 se reunió el Comité Nacional y, entre otros asuntos, deliberó sobre la nueva situación creada al periódico, puesto que al unificar su publicación había que modificar sus estructuras redaccionales.

Después de minuciosa y amplia deliberación se tomó el siguiente acuerdo:

"El Comité Nacional después de analizar las consecuencias lógicas de la unificación de los órganos de prensa, encarga a la C.E. la reorganización de los servicios de dirección dando prioridad absoluta a un cuerpo de redacción integrado por los miembros de la C.E. del interior.

La necesidad material de imprimir en el exterior implica que se armonice. el trabajo material entre los dos secretarios de prensa y propaganda.

La armonización es necesaria y posible, y la C.E. debe promoverla y mantenerla sin desfallecimiento".

El secretario de Prensa y Propaganda del interior, por disconformidad con lo acordado, presentó su dimisión.

El Comité Nacional estimando insuficientes las razones expuestas, no aceptó la dimisión ni encargó de las funciones de la Secretaría al compañero Hervás, en espera de la reincorporación del dimisionario que, y en definitiva, no se ha producido[63].

Montose un nuevo equipo de redacción, interior, que ha procurado que todos y cada uno de los números de EL SOCIALISTA salgan puntualmente reflejando fundamentalmente la problemática nacional de nuestra política. Se ha cuidado que en cada número hubiere el correspondiente artículo de política interior, de política internacional, de información sobre la corrupción y las diferentes formas de manifestarse, de información sobre la represión, su denuncia y solidaridad con los representantes represaliados y que, al mismo tiempo, se reflejarán los problemas ideológicos que hoy agitan nuestra organización por polémicos que éstos fueren para que nuestro órgano de prensa fuera un reflejo real de una organización democrática, no monolítica en sus concepciones ideológicas, crítica y combativa.

---

[63] Esta es la versión "descafeinada" de Arsenio Jimeno de su enfrentamiento sobre *El Socialista* con los compañeros de Sevilla que analizamos en el apartado uno.

El equipo constituido en el interior ha sido consciente de que su trabajo iba a ser, fuere cual fuere su resultado, rechazado sistemáticamente, porque la solución adoptada en el Comité Nacional no iba respaldada como acertada por toda la Organización.

También ha sido consciente de las dificultades que le impone el hecho de que su materialización escape a su control. Y estas dificultades previstas, se ha producido, razón por la cual el responsable del interior y del exterior han cumplido el mandato de nuestro Comité Nacional reuniéndose cuantas veces ha sido preciso a fin de evitar distorsiones o discordancias, y tratar de superarlas.

La Secretaría de Prensa, en el interior, quiere dejar constancia, al momento de redactar esta memoria que únicamente dos compañeros de Cataluña, uno de Alicante y otro de Guipúzcoa, han colaborado con el Consejo de Redacción, pese a haberse requerido a todas las Agrupaciones a este obligado empeño.

Esta Secretaría estima que si esa falta de colaboración quería reflejar su solidaridad con el anterior equipo redaccional, ésta no era incompatible con el reconocimiento y ayuda al nuevo equipo que hubo de improvisarse y a quien se ha aislado de forma realmente condenable.

La prensa ha sido criticada, sin llegar siquiera a ser leída o repartida, sin aportarse ni una sola idea para su corrección en los posibles errores o desenfoques, de forma realmente infantil y sin rigor.

El responsable de la Comisión Ejecutiva y toda ella en conjunto, al someter al Congreso de la gestión en este apartado, desean que al menos se tenga en cuenta el esfuerzo de los compañeros anónimos, no ejecutivos, que sabedores del rechazo *a priori* de su trabajo, por el malestar que se había creado en este tema, no han estimado esfuerzo alguno para que no faltara, por imperfecto que fuere, este medio de comunicación, información y lucha a nuestros militantes[64].

---

[64] Parte de la Memoria debida a la pluma de Pablo Castellano.

"YUNQUE"

Nuestros esfuerzos para dotar al Partido de una revista teórica han culminado en la publicación de YUNQUE. Más que una revista es un esbozo, es un primer paso, es la base de algo que necesariamente hay que hacer. Para ello es menester romper con la indiferencia que sobre estos problemas hubo durante más de cuarto de siglo. Una revista teórica puede ser y debe ser el lugar donde se enfrentan las diferentes teorías y opiniones de forma constructiva.

S.I.S.

Al objeto de paliar en la medida de nuestras posibilidades las carencias observadas en la Información a los medios internacionales, se montó modestamente un "Servicio de Información Socialista (S.I.S.)" que traducido al francés ha informado, principalmente, a la I.S. y Partidos Socialistas, de los hechos más relevantes de la situación española.

PROPAGANDA

El Partido ha estado presente, por medio de octavillas y manifiestos, en todos los acontecimientos políticos del país y en toda lucha obrera. la opción perseverante y abnegada de nuestros compañeros ha tenido su medio de expresión frecuentísimo allí donde nuestras organizaciones adquirieron un desarrollo suficiente.

En el exterior hemos difundido notas y comunicados con éxito desigual.

PRENSA

El problema de la divulgación de nuestras ideas y posiciones es uno de los más difíciles de resolver. EL SOCIALISTA no puede llegar a todos los sitios y llegar con la debida oportunidad. Su complemento natural son las publicaciones periódicas de nuestras Federaciones. Estas no han faltado. Con regularidad y competencia, las Federaciones han publicado y siguen publicando sus periódicos. Esta importantísima labor presagia notable desarrollo de nuestras actividades y de nuestros organismos.

Mientras dure la clandestinidad, la prensa provincial del Partido es indispensable y debe multiplicarse. En un ambiente oscurecido por impulsos frenéticos, desequilibrados por la presión de una dictadura totalitaria y cruel, nuestra prensa debe serenamente procurar que las aguas vuelvan a su cauce, única manera de que el proletariado cobre la fuerza y el prestigio que le son necesarios para cumplir su alta misión histórica: emanciparse como clase explotada y fundamentar una sociedad libre.

Relaciones Internacionales[65]

Resolución adoptada por el XII Congreso

INTERNACIONAL

– Fiel a su condición de Partido de clase, el P.S.O.E. luchará porque se desarrolle el internacionalismo y la solidaridad obrera.

– En esta línea de conducta, requiere de los Partidos Socialistas una radicalización de sus posiciones contra el Régimen Español.

– Asimismo, denuncia y repudia los pactos militares que, al servicio de los imperialismo norteamericano y ruso, ponen en peligro la seguridad y la paz mundial.

CHILE

En una posición de acercamiento de los Partidos Socialistas más afines a nuestra organización el P.S.O.E. manda un saludo fraternal al Partido Socialista Chileno y apoya su experiencia de lucha revolucionaria.

MERCADO COMÚN

Sin analizar aquí el carácter interno del Mercado Común, el P.S.O.E. llama la atención de las democracias europeas manifestando su firme oposición a que se admita la integración de España en Europa bajo el actual sistema político, y recuerda que la experiencia histórica ha demostrado que su integración en organismos internacionales refuerza la estabilidad de la dictadura.

---

[65] Informe del secretario Francisco López Real.

Solidaridad Internacional

La vocación internacionalista de los Partidos Socialistas es o debe ser una condición *sine qua non*. Nuestro Partido desde su fundación practicó en su sentido más amplio la solidaridad internacional cooperando eficazmente a la constitución y desarrollo de la Internacional Socialista.

Entendimos y seguimos entendiendo que solo la práctica permanente de la solidaridad socialista internacional hará triunfar al Socialismo por el cual luchamos, creando ese mundo sin fronteras y sin clases al que todos los socialistas aspiramos.

Este espíritu va siempre plasmado en las resoluciones de nuestros Congresos y a él ajustamos nuestra conducta en la posibilidad de nuestras hoy modestas fuerzas.

Desde nuestro XII Congreso de agosto de 1972 al que vamos a celebrar en octubre de este año, han ocurrido dos acontecimientos internacionales que nos han conmovido profundamente.

En Chile, el Gobierno de Unidad Popular que presidía nuestro compañero Allende fue derrocado por una conspiración fascista militar detrás de la cual se ha ocultado el imperialismo americano, entrando este país hermano a sufrir una represión sangrienta y feroz.

Desde el primer momento nuestro Partido ha practicado con los compañeros chilenos la solidaridad que está a nuestro alcance, tomando parte en cuanto actos se han realizado en diversos países. Hemos celebrado reuniones con dirigentes del Partido Socialista y Partido Radical de Chile, y esperamos que la solidaridad internacional se desarrolle. Es necesario hacer cuanto está a nuestro alcance para que nuestros compañeros socialistas de otros países, en primer lugar, y los demócratas auténticos, en general, tomen conciencia de que el peligro del fascismo es una realidad que nunca debe descuidarse. El fascismo vive y se amamanta en los propios senos del capitalismo. Vive y trabaja en los resortes vitales del Estado, siempre dispuesto a aparecer en las horas cruciales del Capitalismo. El mundo socialista no debe olvidar estas duras realidades. Por nuestra parte seguiremos denunciando el fascismo en cualquiera de sus formas.

El otro acontecimiento al que hacemos referencia es el de Portugal. Cuarenta y ocho años de dictadura fueron barridos en dos horas. Y el País ha comenzado el camino de la libertad. Muchos y difíciles problemas le esperan en la marcha ascendente hacia auténticas formas de Democracia política y económica. Pero la realidad es esperanzadora. El pueblo a través de una amplia conjunción de fuerzas populares, mientras entre las que se encuentra el Partido Socialista, es protagonista de tan excepcional capítulo de su historia. Esta es la razón en la que se funda nuestra confianza.

Nuestra acción más constante en el campo internacional en el que el Partido se mueve ha sido la de perseguir nuestra campaña de divulgación de la persecución en España con el fin de lograr la solidaridad moral y de presencia necesaria. La de exigir la oposición más firme a la entrada de Franco a la Comunidad Europea. Sus puertas siguen cerradas. Sólo se abrirán a una España libre y democrática.

Creemos haber hecho cuando nos era posible para que los Partidos Socialistas europeos, particularmente, tomen conciencia de sus graves responsabilidades y deberes en un mundo en plena transformación, que son inalterables se esté en la oposición o en los gobiernos.

Así entiende el P.S.O.E. el Socialismo.

Presencia internacional del P.S.O.E.

A través de nuestras Circulares e informaciones publicadas en nuestra prensa, nuestras Secciones y compañeros han ido conociendo el desarrollo de nuestras actividades internacionales que evidencian la importante presencia y audiencia del Partido.

A pesar de las intrigas y de las tendenciosas informaciones que el grupo dirigente de la disidencia hizo circular profusamente en los medios socialistas europeos, con un tesón y una constancia digna de mejor causa.

Por separado de nuestra asistencia a actos y congresos, el Partido ha mantenido numerosas entrevistas con las direcciones nacionales de los Partidos Socialistas de Francia, Italia, Bélgica, Alemania, Inglaterra, Israel, Noruega, como asimismo con los dirigentes de la Internacional Socialista.

Desde el XII Congreso de Agosto el Partido ha estado presente en los actos y Congresos que citamos a continuación:

1. Velada homenaje a la Memoria de León Blum, en París.

2. Congreso del Partido Socialista Suizo, en Ginebra.

3. Congreso del Partido Socialista Italiano, en Génova.

4. Conferencia sobre Checoslovaquia organizada por el P.S.F., en París.

5. Congreso de la Izquierda Europea en París.

6. Congreso de los P.S. de la Comunidad Europea, en Bonn (RFA).

7. Congreso del Movimiento Europeo, en Londres.

8. Congreso del P.S.F., en Grenoble.

9. Congreso del Partido Laborista Inglés, en Blackpool.

10. Congreso extraordinario del P.S.F., en París

11. Congreso del Partido Socialista Democrático Italiano, en Génova.

12. Congreso de la Liga Comunista de Yugoslavia.

13. Congreso de los Consejos Federales del Movimiento Europeo, en París.

14. Acto en Solidaridad al Pueblo de Chile, de la Izquierda Francesa, París.

En ese esquema trazado con sobriedad se encuentra la confirmación irrebatible de la recuperación del prestigio y de la audiencia del Partido Socialista Obrero Español, en esta etapa de su vida.

El P.S.O.E. y la Internacional

Puede decirse que nada más acabarse nuestro XII Congreso las relaciones internacionales cobraron para nuestro Partido la máxima importancia, pues la disidencia provocada por el ex Secretario General, no quedó reducida a un problema interno sino que alcanzó el máximo nivel al plantearse en el seno de la Internacional Socialista este problema, pretendiendo el grupo dirigente de la disidencia que este organismo le reconociera como el auténtico representante de la Organización, con el consiguiente rechazo al XII Congreso de agosto y los órganos representativos de él emanados.

En diciembre de 1972, una delegación de la Ejecutiva hubo de asistir a la reunión que en París se convocaba por la Internacional, que de su seno había designado una comisión para que se informara de la situación creada. Previamente, reunida plenariamente, la Comisión Ejecutiva del Partido precisó ante la Internacional su opinión ante esa decisión y la convocatoria, carta que adjuntamos a este Informe así como las Conclusiones presentadas en largo escrito ante la Comisión de la Internacional Socialista.

Nuestra Secretaría de Relaciones Internacionales, y los compañeros responsables del exterior y del interior, debidamente coordinados, hubieron de tener en cuenta, colaborar en la preparación y atender al desarrollo de las visitas que al interior del país hicieron en diferentes ocasiones dos delegaciones del Partido laboralista inglés y otra del Partido Socialista italiano. Asimismo, compañeros de la Comisión Ejecutiva mantuvieron contacto con delegaciones del Partido Socialista Alemán, Belga, Holandés y Francés, y mientras la Comisión nombrada por la Internacional desarrollaba sus trabajos con más lentitud de la que nosotros hubiéramos deseado. En este empeño asistiose a cuantas reuniones se fueron celebrando en Londres a lo largo del verano y otoño de 1973 y, finalmente, a las dos últimas celebradas en los meses de enero y abril de 1974, en las cuales se ha obtenido la justa decisión al pronunciarse la Internacional como totalmente solidaria con el P.S.O.E. al rechazar no solo al grupo disidente sino también al grupúsculo llamado "P.S.I." en sus pretensiones de ser admitido en su seno en calidad de Observador.

Se ha hecho la justicia debida y, hoy, podemos asegurar que nuestras relaciones con la internacional, como con todos los Partidos que forman de ella son muy fraternales, los cuales hay que reconocer que antes que el propio Organismo internacional, habían ya fallado en ese lamentable pleito.

Insertamos las comunicaciones del Buró de la Internacional con sus decisiones últimas, aun cuando a su debido tiempo las dimos a conocer a nuestras Secciones:

Bruselas, 8 de enero de 1973
Señor Ronney Balcomb
Secretario General adjunto de la
Internacional Socialista
Londres

Estimado compañero:

La reunión plenaria de la Comisión Ejecutiva del P.S.O.E., a la que os invitamos repetidamente por teléfono y confirmamos por nuestra carta del 3, tuvo lugar con la participación de todos sus componentes (9 del interior y 5 del exterior) en Bayona los días 6 y 7 de enero de 1973.

Se examinó con todo detenimiento tu carta del 26 de diciembre solicitando nuestra presencia en la reunión del Comité Ejecutivo sobre España en París el día 12 de enero.

Se puso de manifiesto una coincidencia general en la condena del método empleado con la creación de un comité especial que en realidad hace un problema de lo que no es más que una peripecia accidental en un proceso de evolución dentro del Partido iniciado hace unos años.

A esa reunión del día 12 acudiría una delegación de la Comisión Ejecutiva para –como Partido miembro de la Internacional– aportar toda la información que se precise sobre la situación del Partido.

No se estimó conveniente que sea invitado el grupo del profesor Tierno Galván que no puede considerarse como un Partido Socialista.

Nuestra presencia en esa reunión del Comité especial no debe interpretarse como una aprobación del método empleado ni como una disposición a admitir arbitrajes de ninguna índole.

Aun cuando nuestra delegación a esa reunión podrá dar todas las explicaciones que se juzguen necesarias, podemos adelantar nuestra invitación a que una misión de la Internacional vaya a España a comprobar *in situ* en asambleas de militantes en diferentes regiones la realidad y la amplitud de nuestra Organización.

En la seguridad de que nuestros contactos personales disparan todos los equívocos, queda fraternalmente tuyo y del socialismo.

F. López Real
Secretario Internacional.

Conclusiones del escrito presentado ante la Comisión de la Internacional Socialista

1.º El XII Congreso del Partido fue convocado para los días 12, 13, 14 y 15 de sgosto de 1972, por acuerdo unánime de la Comisión Ejecutiva, incluido los actuales disidentes.

2.º Dicho Congreso se ha intentado no tuviera lugar por 5 de los 16 miembros de la Comisión Ejecutiva, o sea en un acuerdo parcial y desconocido por la mayoría de dicha Comisión.

3.º Los disidentes no han comparecido a la celebración de dicho Congreso, ni acatado la disciplina de la Organización.

4.º Considerar a los disidentes como un Partido Socialista más, es convertirse en cómplices de una actitud secesionista y antidemocrática.

5.º El Partido Socialista Obrero Español está legítima y estatutariamente representado por la Comisión Ejecutiva y el Comité Director democráticamente elegidos como consecuencia de su XII Congreso de agosto de 1972.

6.º La Internacional Socialista, no puede inmiscuirse en un problema interno del Partido y menos aún dar audiencia en modo alguno a los disidentes de la Organización a no ser que pretenda impedir toda posibilidad de sometimiento de los mismos al Partido y reconstruir su unidad, atacada con procedimientos antidemocráticos y sectarios.

Por todo ello:

El Partido Socialista Obrero Español, comparece ante esa Comisión Especial de la Internacional Socialista para:

a) Proporcionar a la misma, cuanta información crea conveniente solicitar.

b) Agradecer su deseo de colaborar en resolver los problemas que el Socialismo Español tiene planteados.

c) Rechazar que se pretenda plantear el problema de la escisión minoritaria surgida en su seno, como la necesidad de unificación de dos Partidos.

d) Solicitar que se inste por la internacional socialista a los disidentes del Partido Socialista Obrero Español, para que acaten su disciplina, las resoluciones de sus Congresos y luchen limpia y honestamente, en el seno del mismo, para hacer valer sus intereses y puntos de vista sometiéndose a las decisiones democráticas de sus Instituciones.

e) Repudiar por medio de esa Internacional Socialista la posible constitución de un nuevo Partido Socialista Obrero Español, que los disidentes quieren crear, con notorio daño para el Movimiento Socialista Internacional.

Y finalmente repitiendo el ofrecimiento que ya ha sido hecho ante esa Comisión, deseamos que, visitando el Interior del País, participando en las Asambleas, conociendo a nuestros militantes e incluso a los 26 compañeros que hoy están pendientes de juicio ante el Tribunal de Orden Público, desgraciada muestra de nuestra actividad y se constate la realidad de que además de la legitimidad estatutaria que nos adorna gozamos de la legitimidad de la presencia en la lucha y de las consecuencias de la represión, que afortunadamente son extrañas y no afectan a nuestros compañeros disidentes a los que no deseamos ninguna clase de riesgos y a los que por medio de esta Internacional Socialista no nos cansaremos de volver a invitar a la reincorporación a una lucha común contra el fascismo, que no sale beneficiada con escisiones como las que ellos producen.

En el Interior de España al 9 de enero de 1973.

Por la C.E.

Resolución del Buró de la Internacional Socialista 6 de Enero de 1974

El Buró de la Internacional Socialista, en su reunión del 6 de Enero de 1974, examinó las recomendaciones de la Comisión Especial que estableció en diciembre de 1972 para estudiar la situación respecto al Partido Socialista Obrero Español (PSOE).

Tras discusión exhaustiva, el Buró adoptó una moción en la que expresó su opinión del modo siguiente:

"El décimosegundo Congreso del P.S.O.E. celebrado en Agosto de 1972, fue un Congreso adecuado, legítimo y legal, y la Comisión Ejecutiva elegida por aquel Congreso es por consiguiente el representante legítimo del Partido Español miembro de la Internacional Socialista".

Resolución del Buró de la Internacional Socialista 31 de marzo de 1974

España

1) RECURSO DE RODOLFO LLOPIS

En su reunión del 6 de enero de 1974, el Buró decidió que el 12º Congreso del P.S.O.E. (Partido Socialista Obrero Español) celebrado en Toulouse en agosto de 1972 fue un Congreso adecuado, legítimo y legal y que la Comisión Ejecutiva elegida por aquel Congreso es por consiguiente el representante legítimo del Partido Socialista Español miembro de la Internacional Socialista. Esta decisión se comunicó a la Comisión Ejecutiva elegida por el Congreso de agosto de 1972 e igualmente a la Comisión Ejecutiva elegida por el Congreso celebrado en Toulouse en diciembre de 1972 que se autocalificaba igualmente de "12º Congreso del P.S.O.E." La Comisión Ejecutiva elegida por el Congreso de diciembre de 1972 ha escrito una carta dirigida al Buró, que se presenta a vuestro examen; la carta, firmada "Ildefonso Torregrosa, Vicepresidente y Rodolfo Llopis, Secretario" reputa "injusta" la decisión adoptada por el Buró el 6 de enero y declara que la Comisión Ejecutiva elegida por el Congreso de diciembre de 1972 se niega unánimemente a aceptar la decisión. La carta contiene un cierto número de declaraciones y opiniones referentes a los acontecimientos en el P.S.O.E. que ya habían sido presentadas anteriormente por Rodolfo Llopis y de las que se había dado cuenta ya al Buró, y afirma que la carta ha de considerarse como un recurso ante el Consejo de la Internacional contra la decisión del Buró. Rodney Balcomb da cuenta que el Secretariado ha recibido hasta la fecha 39 cartas de las secciones locales de la organización de la que es Secretario General Rodolfo Llopis, protestando todas contra la decisión del Buró (38 de las 39 Secciones se hallan situadas fuera de España). El Buró discutió el recurso y se señaló que no podía esperarse que se trasladase a un organismo de la internacional que adopta las decisiones finales respecto de la admisión o expulsión de partidos miembros. La razón para ello consiste en que nunca se ha discutido la pertenencia del P.S.O.E. a la internacional, lo único que se hallaba en causa era saber qué grupo de gentes eran los representantes legítimos del P.S.O.E. y el Buró llegó a sus propias conclusiones como consecuencia del informe de la comisión especial establecida para investigar el asunto. El Buró decidió reafirmar su decisión del 6 de enero respecto del P.S.O.E. y no adoptar acción alguna en cuanto al recurso.

2) COMITÉ PRO ESPAÑA

En su reunión del 6 de enero, el Buró decidió examinar en su próxima reunión una propuesta encaminada al establecimiento de un comité pro España de la Internacional Socialista y esta cuestión figuraba en el orden del día de la presente reunión. Rodney Balcomb dio cuenta de que, después de la reunión del Buró del 6 de enero, el Secretariado había consultado al Partido español miembro de la Internacional para establecer cuál debería ser, en opinión del P.S.O.E., la composición y los objetivos de un comité pro España de la Internacional. Respecto de la composición, el P.S.O.E. propuso que consintiera en los Partidos que fueron miembros del comité especial sobre España establecido por el Buró en diciembre de 1972 para investigar la situación entonces imperante respecto del P.S.O.E. (El Partido laborista británico, el Partido radical chileno, el Partido socialista francés, los Partidos socialdemócrata y socialista italianos y el Partido socialdemócrata sueco) e igualmente el Partido socialista belga, el Partido socialdemócrata alemán y el propio Partido socialista obrero español. En cuanto a los objetivos generales de un comité pro España de la Internacional Socialista, el P.S.O.E. propone que sean: estudiar la situación en España y hacer recomendaciones al Buró en lo que se refiere a la acción que podría emprenderse por la Internacional y sus partidos miembros con objeto de ayudar a la causa de la democracia en España en general y al P.S.O.E. en particular. El P.S.O.E. sugiere como una de las primeras acciones el propuesto comité pro España el envío de una misión de encuesta a España.

Después de la discusión, el Buró decide establecer un comité pro España de la Internacional Socialista con la composición y las atribuciones propuestas por el P.S.O.E.

3) SOLICITUD DE ESTATUTO CONSULTIVO U OBSERVADOR DEL PSI

En su reunión del 6 de enero decidió el Buró aplazar hasta su próxima reunión el examen de una solicitud del "Partido socialista del interior" (PSI) de España como miembro observador de la Internacional. Después de la del 6 de enero el PSI ha escrito una segunda carta de solicitud, que se halla ante el Buró en el que pide que se le admita en la Internacional con estatuto de observador o consultivo. Rodney Balcomb dio cuenta de que el Secretariado había consultado al partido español miembro de la internacional, el P.S.O.E., con objeto de conocer la actitud del P.S.O.E. respecto de esa solicitud; el Secretario Internacional del P.S.O.E. respondió manifestando que el P.S.O.E. se opone a la aceptación por la Internacional de la solicitud del PSI y que contesta vigorosamente la representatividad del PSI y mantiene que el único partido socialista español representativo digno de pertenecer a la Internacional es el P.S.O.E.

El Buró decidió unánimemente rechazar la solicitud PSI.

Relaciones con los Partidos Socialistas de Portugal y Grecia

Las relaciones con las Organizaciones socialistas de Portugal y de Grecia siempre fueron excelentes, pero hemos de reconocer que a pesar del acuerdo de colaboración firmado en Mayo de 1971, nunca pasaron de una situación que pudiéramos calificar sin injusticia de platónica.

Desde la conclusión de nuestro XII Congreso la Comisión Ejecutiva tomó la iniciativa de entrar en contacto con los compañeros de esos dos países tanto en París como aprovechando nuestra presencia en los Congresos de los Partidos hermanos europeos.

En Grenoble, durante el Congreso que el Partido Socialista francés celebró en junio de 1973, se reunieron las delegaciones presentes de los tres Partidos conviniendo en reunirse de nuevo en París para proseguir las conversaciones iniciadas dentro de un ambiente extraordinariamente fraternal.

Efectivamente, el 30 de junio, en los locales de nuestro Partido en París, se reunieron representantes de las tres Organizaciones, ratificándose el acuerdo concluido el 24 de Mayo de 1971, y adoptándose decisiones que le dieran vida real.

Insertamos el documento de la nueva declaración.

En diversas manifestaciones internacionales hemos actuado conjuntamente, y conocido el cambio de Régimen en Portugal, fuera de España lanzó el P.S.O.E. llamamientos de solidaridad al pueblo portugués y, en particular, a nuestros compañeros socialistas. Una importante delegación del Interior se trasladó inmediatamente a Lisboa en donde mantuvieron varias entrevistas con los dirigentes del PS portugués. En la gran manifestación del 1º de Mayo, tomó parte, oficialmente, una nutrida delegación del P.S.O.E. cuyas pancartas fueron entusiásticamente ovacionadas.

El Partido Socialista de Portugal tiene pruebas de nuestra solidaridad moral y efectiva. Sabe que puede contar con ella como nosotros con la suya. Como pueden contar los socialistas griegos que sufren todavía, como nosotros, el rigor de la dictadura.

"Los delegados de los Secretariados del Partido Socialista Obrero Español, del Partido Socialista de Portugal y del Ejecutivo en el Exilio de la Unión Socialista Democrática de Grecia se reunieron en París el 24 de junio de 1973 con el fin del promover, en el cuadro del acuerdo concluido el 24 de mayo de 1971, una serie de acciones comunes entre los tres Partidos.

Las tres delegaciones convinieron en considerar de urgente necesidad la elaboración de un plan de acción a escala europea y analizaron los métodos más apropiados a la coordinación en el futuro de sus actividades respectivas.

A ese efecto, se acordó organizar para el 15 de septiembre de 1973 una reunión conjunta de las delegaciones de los tres partidos con objeto de estudiar y definir los medios más adecuados a una acción común, en colaboración estrecha con la Internacional Socialista y los Partidos Socialistas Europeos.

Secretariado del Partido Socialista Obrero Español.

Secretariado del Partido Socialista de Portugal.

Ejecutivo en el Exilio de la U.S.D.G."

COMUNICADO CONJUNTO DE LOS SOCIALISTAS ESPAÑOLES Y PORTUGUESES

El Partido Socialista Obrero Español y la Unión General de Trabajadores de España, saludan al Partido Socialista de Portugal, a los nacientes Sindicatos Libres y a todo el Pueblo portugués, que acaba de surgir victorioso del fascismo.

El PSOE y la UGT se suman a este 1º de Mayo y declaran junto con el P.S:

– Su enorme satisfacción y alegría por la demostración de la Clase Trabajadora Portuguesa en este 1º de Mayo en Lisboa.

– Su solidaridad con la lucha de los Pueblos que todavía viven bajo dictaduras fascistas, y su apoyo decidido al combate que libran valerosamente la Clase Obrera y Campesina de todo el mundo por su emancipación. Recordando muy especialmente a los Pueblos Europeos oprimidos por el fascismo Griego y Español.

El PSOE, la UGT y el PS afirman su propósito de que esta jornada signifique un paso decisivo para la construcción del Socialismo en la Península Ibérica.

Lisboa a 2 de Mayo de 1974. Firmado:

PSOE-UGT-PS

Fuente: Archivo Exilio PSOE (AE 115-2/FPI)

1. Cartel XIII Congreso PSOE

Comisión Ejecutiva (interior)

2. Nicolás Redondo Urbieta
(Juan)

3. Eduardo López Albizu
(Celso)

4. Enrique Múgica Herzog
(Goizalde)

5. Agustín González García
(Otilio)

6. Marcelino García Suárez
(Bernardo)

7. Felipe González Márquez
(Isidoro)

8. Alfonso Guerra González
(Andrés)

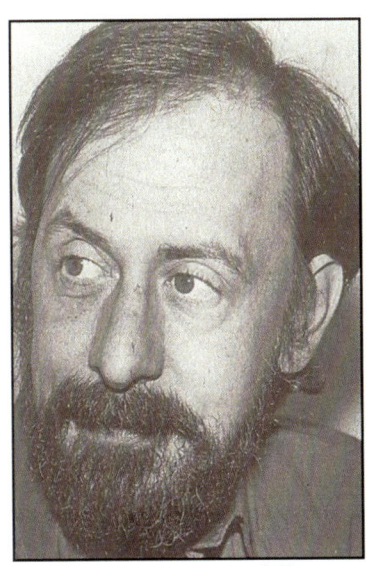

9. Pablo Castellano Cardalliaguet
(Hervás)

10. Joaquín Jou Fonollá
(Roque)

Comisión Ejecutiva (exterior)

11. Juan Iglesias Garrigós

12. Arsenio Jimeno Velilla

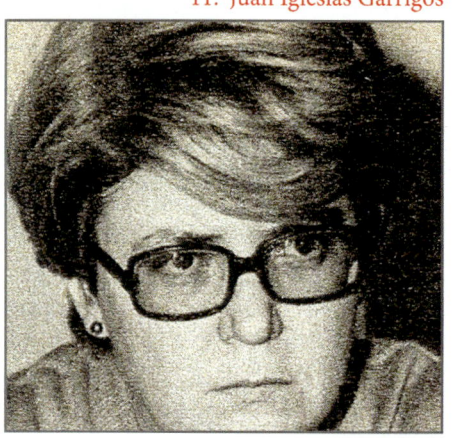

13. Carmen García Bloise

14. Francisco López Real

15. Fernando Gutiérrez Lerchundi

Suplentes de la Comisión Ejecutiva (interior)

16. Luis Yáñez-Barnuevo García (Leiva)

17. Guillermo Galeote Jiménez (Ernesto)

18. José Antonio Saracíbar Sautúa (Antón)

19. Luis Alonso Novo (León)

20. Francisco Roces Fernández (Manolo)

PARTIDO SOCIALISTA OBRERO ESPAÑOL

XIII CONGRESO

MEMORIA

DE LA GESTION
DE
LA
COMISION
EJECUTIVA

Agosto 1972   Octubre 1974

21. Memoria de la Gestión de la
Comisión Ejecutiva

22. Teatro Jean Vilar de Suresnes-Hauts de Seine (Francia)

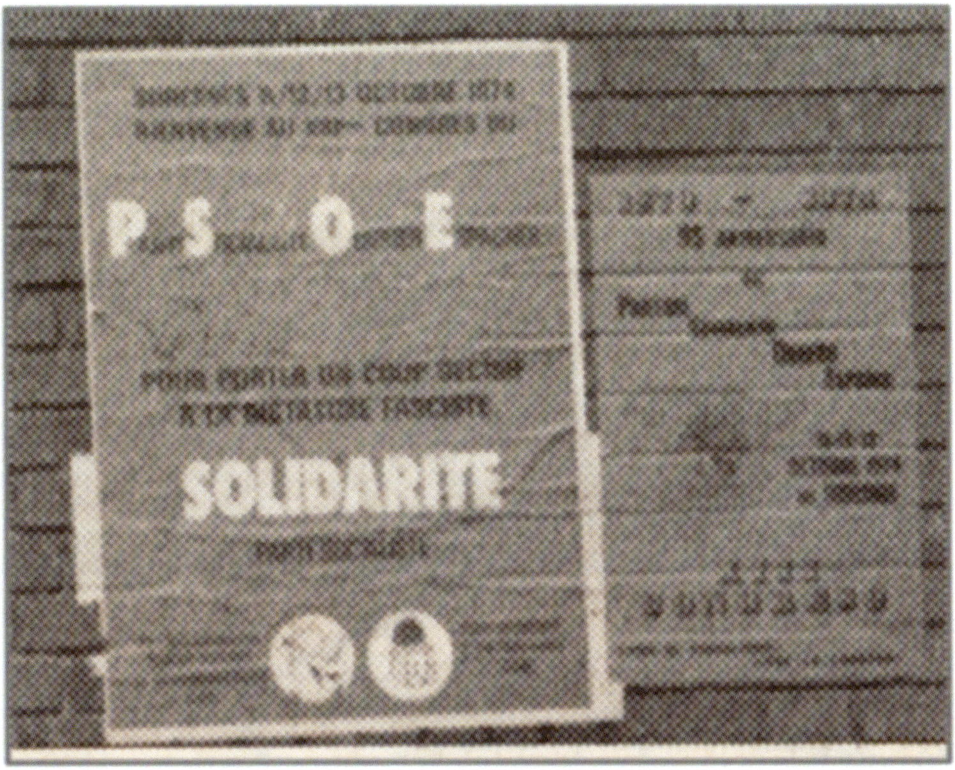

23. Cartel del Congreso en las calles de Suresnes

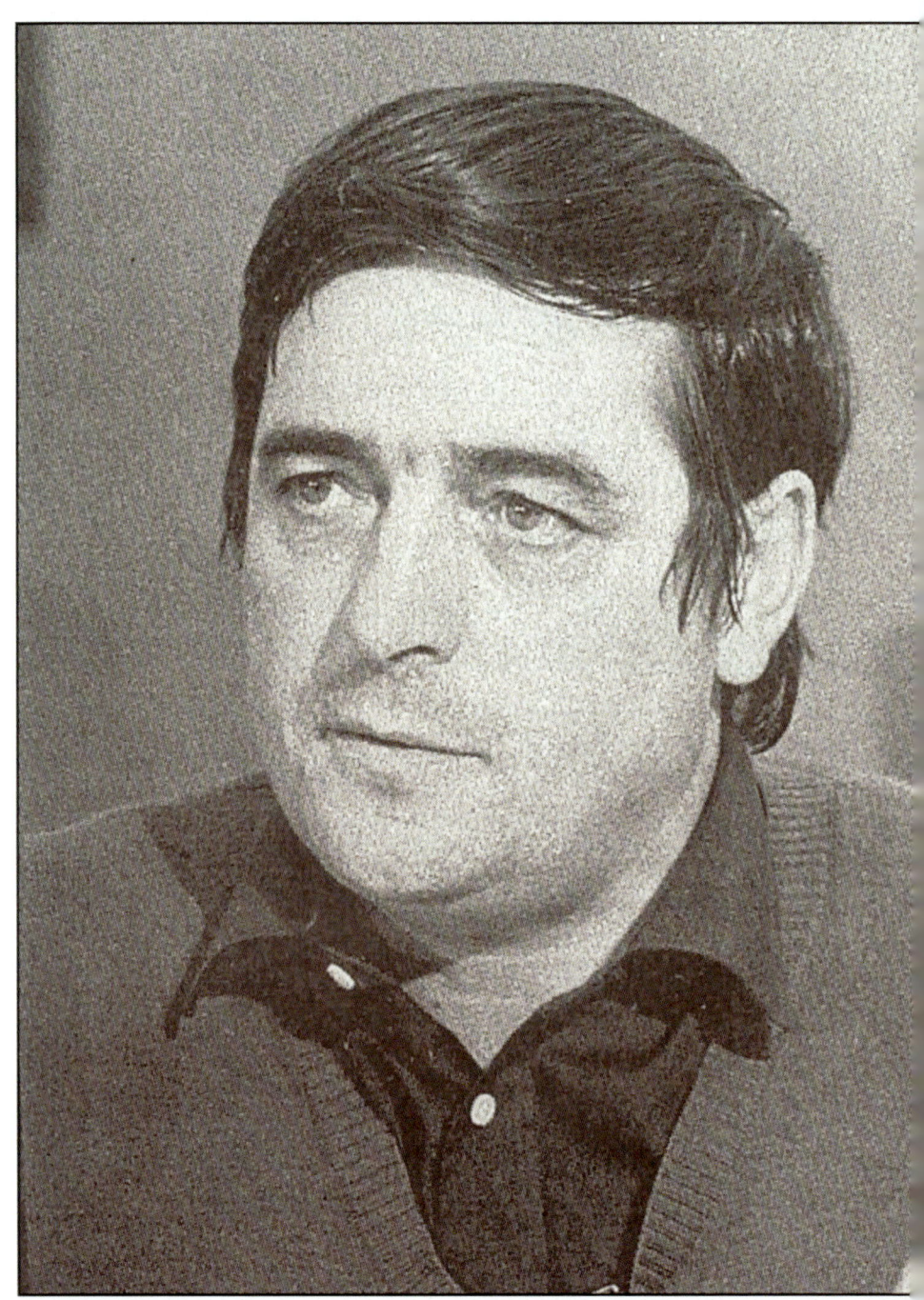

24. José Martínez Cobo
presidente del Congres

25. Carmen García Bloise se dirige al pleno del Congreso. En la mesa, de izquierda a derecha, Jerónimo Saavedra, Alfonso Guerra, José Martínez Cobo, Manuel Garnacho y Fabián Ramos

26. Mesa del Congreso

27. De izquierda a derech
Rodney Balcomb, François Mitterrand, José Martínez Cob
Alfonso Guerra, Manuel Garnacho y Fabián Ramc

28. François Mitterrand se dirige al pleno del Congre

29. François Mitterrand

30. Carlos Altamirano se dirige al pleno del Congreso

31. Sala del Congreso

32. Carlos Altamirano

33. Delegados del Congreso

34. La mesa del Congreso cantando la Internacional

35. Tribuna del Congreso

36. Conferencia de prensa de la Comisión Ejecutiva del PSOE al finalizar el Congreso

37. Francisco Bustelo García del Real.
Secretario de Formación

38. José María Benegas Haddad
Secretario de Juventudes

39. Luis Gómez Llorente (secretario de Formación sustituyendo a Francisco Bustelo des
enero de 1976). Junto a Enrique Moral Sandoval, creador e impulsor de
Fundación Pablo Iglesias en octubre de 19

4. Reglamento de Congresos

El Octavo Congreso Ordinario del P.S.O.E. aprobó este Reglamento. De acuerdo con él se desarrollarán las tareas del XIII Congreso Ordinario del Partido.

Se ruega, pues, a todos los delegados que lo estudien y lo tengan en cuenta en el curso de su actuación. Procediendo así ayudarán a la Mesa del Congreso y facilitarán las tareas de éste.

(Aclaración: donde figura en el texto el nombre de Comité Director debe entenderse Comité Nacional)

DE LA CONVOCATORIA Y CONSTITUCIÓN DEL CONGRESO

ARTÍCULO 1

El Congreso –ordinario o extraordinario– se reúne en primera convocatoria y se da por constituido cuando las delegaciones aprobadas por la Comisión de Credenciales representan la mitad más uno de los afiliados del Partido.

En segunda convocatoria se reunirá y dará por constituido con cualquier número de delegaciones cuatro horas más tarde, si la mayoría de los votos representados por las delegaciones presentes así lo decide.

ARTÍCULO 2

El Congreso ordinario será convocado con la periodicidad que fijen los Estatutos del Partido. Su aplazamiento sólo puede ser legal cuando, por causas justificadas, lo propongan la mayoría del Comité Director, y de la C.E. y, sometido a referéndum, lo apruebe la mayoría de los afiliados. La iniciativa del aplazamiento pueden ejercerla el Comité Director reunido, la Comisión Ejecutiva y las Secciones, pero en ningún caso es válido sin la aprobación de la mayoría del Partido.

ARTÍCULO 3

EL Congreso Extraordinario puede convocarlo cuando lo estime necesario la C.E. con la conformidad de la mayoría de los vocales del Comité Director, o lo pidan regularmente una o varias Secciones. En el último caso, la C.E. con el acuerdo de la mayoría del Comité Director, puede someter a referéndum la propuesta de reunir el Congreso Extraordinario.

ARTÍCULO 4

El Congreso lo constituyen los delegados de las Secciones, la C.E. y los vocales que representan al Comité Director.

Los delegados han de ser elegidos democráticamente por las Secciones. Pueden ser uno o varios efectivos y suplentes, pero votará uno solo por cada sección y por el número de afiliados que le haya reconocido en la carta de delegación la Comisión de Credenciales.

Los vocales del Comité Director pueden asistir todos; pero por cuenta de la Caja del Partido únicamente los que haya designado el Comité Director en su reunión anterior al Congreso.

ARTÍCULO 5

Las Secciones que no puedan enviar delegados directos al Congreso se les autoriza a delegar en afiliados de otras Secciones; pero no se autoriza que una sola persona ostente más de tres delegaciones.

ARTÍCULO 6

Para examinar las credenciales de las delegaciones, validarlas y consignar en la carta de delegación el número de votos que representan y en nombre de los cuales emiten voto, se constituirá una Comisión de Credenciales, compuesta por los tres primeros delegados que presenten sus credenciales a la Secretaría del Partido, por el Tesorero y Vicesecretario o personas de la C.E. que los representen.

ARTÍCULO 7

No se consignará en la carta de delegación otro número de afiliados que no sea aquel por el cual hayan cotizado.

Las delegaciones de las Secciones que deban más de seis meses de cotizaciones, no serán autorizadas a intervenir con plenitud de derechos. Por consiguiente, no podrán votar. Podrán tomar la palabra, durante cinco minutos, si lo autoriza la Mesa del Congreso para explicar los motivos de los atrasos y solamente en el caso de que la explicación sirva para justificar el que se levante la anulación de la delegación. Corresponde a la Mesa del Congreso y solamente a ella, el decidir sobre si la delegación invalidada merece ser escuchada por el Congreso y a éste decidir, en última instancia, el anular o confirmar la invalidación. Las delegaciones anuladas por deudas mayores de seis meses de cotización, podrán, si así lo aprueba la Comisión de Credenciales, asistir como observadores.

ARTÍCULO 8

La apertura del Congreso corresponde a la C.E. A ella concierne establecer el Orden del Día de la primera sesión. Luego de constituido el Congreso y nombrada la Mesa, es a ésta a la que corresponde elaborar el Orden del Día de cada sesión, de acuerdo con el Orden del Día general que se haya consignado en la convocatoria del Congreso.

A tal fin y al final de cada sesión se reunirá la Mesa para elaborar el Orden del Día de la sesión siguiente, que no será modificado como no sea por decisión mayoritaria del Congreso, introducida a modo de cuestión de orden o cuestión incidental urgente.

DE LA MESA DEL CONGRESO

ARTÍCULO 9

Constituido el Congreso, éste elige –por aclamación o por votación si tal es el deseo de la mayoría– la Mesa del Congreso, que constará de Presidente, Vicepresidente, Secretario de Actas, Vicesecretario de Actas y dos Secretarios de Notas.

La misión de la Mesa consiste en dirigir las tareas del Congreso y el orden de las deliberaciones. En nombre de ella y con su asesoramiento si fuere necesario, el Presidente autoriza el uso de la palabra por el tiempo que se haya fijado previamente y la suspende cuando el orador no se ajuste al Orden del Día, al asunto en discusión o se manifiesta de manera inadecuada.

La Mesa puede penalizar a un congresista que se haya manifestado incorrectamente o no haya observado las reglas de disciplina, prohibiéndole el uso de la palabra durante una o más sesiones. Puede anular el derecho de voto e incluso decidir que un delegado sea expulsado del Congreso cuando la falta sea grave.

El secretario de Actas consignará en ellas solamente los acuerdos concretos y precisos, añadiendo quienes se pronuncian en pro y quienes en contra y de quién es la propuesta de acuerdo. Registrará si se aprueba por unanimidad y, si no hay adhesión unánime, el número de votos en pro y en contra. Pero, dada la imposibilidad de recoger con toda fidelidad o taquigráficamente la totalidad de las intervenciones, evitará resumirlas ni comentarlas. Dichas actas, leídas ante la Mesa, y si ésta lo estima necesario ante el Congreso, no serán válidas si no son firmadas por el Presidente de la sesión y el Secretario que las haya levantado.

Las actas le serán entregadas a la Secretaría del Partido para cumplimiento de los acuerdos y archivo.

Siempre que sea posible, la Secretaría del Partido procurará dotar al Congreso de un servicio de taquigrafía o de un magnetófono a fin de recoger *in extenso* todas las deliberaciones.

Los miembros de la Mesa cuando deseen intervenir en los debates estarán obligados a situarse entre los delegados y ajustarse a las mismas reglas que ellos.

El Presidente y Secretario de Actas serán suplidos por los vices respectivos cuando aquellos tengan que abandonar la Mesa.

ARTÍCULO 10

Los miembros de la Comisión Ejecutiva y representantes del Comité Director, asistirán a la Mesa del Congreso cuantas veces sean requeridos por ésta, tanto en el curso de las sesiones como en los momentos en que la Mesa haya de confeccionar el Orden del Día de cada sesión o resolver un problema relacionado con el Congreso.

DEL MODO DE VOTACIÓN

ARTÍCULO 11

Los acuerdos del Congreso pueden ser decididos por aclamación, por tanteo, computando las manos alzadas provistas de la tarjeta de delegación o por votación nominal. El último requisito es obligatorio para la elección de los miembros de la Comisión Ejecutiva y de la Comisión Nacional de Conflictos.

DE LA COMPOSICIÓN Y ELECCIÓN DE LAS PONENCIAS

ARTÍCULO 12

En la primera sesión del Congreso o, lo más tarde, en la segunda, se nombrarán las ponencias previstas o que sugieran la Mesa o el Congreso. Todas las ponencias han de contar, como mínimo, de cinco miembros.

Los delegados pueden formar parte de las ponencias que prefieran sin limitación alguna salvo que el Congreso limite el número y seleccione los componentes fundándose en razones que lo justifiquen.

Cuando no haya suficiente número de delegados voluntarios para reunir el mínimo de los cinco miembros de cada ponencia, el Congreso designará, a propuesta de los delegados o de la Mesa, tantos como sea necesario para completarlas. Donde el Congreso elabora lo más importante de sus acuerdos es en las ponencias. De ahí que haya que facilitarles la labor, evitar el verbalismo y que gocen del tiempo necesario para su trabajo. La Mesa debe cuidar atentamente este aspecto del Congreso.

ARTÍCULO 13

A título informativo y deliberante, pero sin derecho a voto, en todas las ponencias puede y debe haber un miembro de la Comisión Ejecutiva. A ésta corresponde distribuir sus miembros entre las ponencias.

DE LOS DEBATES

ARTÍCULO 14

Corresponde a la Mesa del Congreso dirigir los debates. En cada uno de estos, y teniendo en cuenta el número de peticiones de palabra, aquella fijará el tiempo que se concede a cada orador. Para las rectificaciones no se podrá disponer de más de cinco minutos. Para alusiones, tres minutos.

Cuando la Mesa observe que una propuesta o exposición hecha al Congreso puede entrañar un excesivo número de intervenciones, limitará estas fijando dos o tres turnos en pro y otros tantos en contra. Limitará el tiempo máximo para cada orador y se atenderá a las limitaciones de tiempo ya dichas para las rectificaciones y alusiones. Los oradores que tomen parte en estos turnos no pueden, por consiguiente, intervenir más que tres veces: para exponer su punto de vista, rectificar y referirse a las alusiones si es menester.

Las cuestiones incidentales y de orden solo pueden presentarse por escrito a la Mesa del Congreso, salvo al comienzo de cada sesión; donde la Mesa da cuenta del Orden del Día de la sesión.

DE LA GESTIÓN DEL COMITÉ DIRECTOR Y DE LA COMISIÓN EJECUTIVA

ARTÍCULO 15

Conocida con tiempo suficiente la gestión de los organismos directivos del Partido por medio de la Memoria que se envía al acceder a las Secciones, esta se dará por leída. Despúes de oír las ampliaciones verbales que la C.E. estimara necesarias, los delegados no conformes con la totalidad o parte de dicha gestión pedirán la palabra.

En favor de dicha gestión solo hablarán los miembros de la C.E. y del Comité Director o aquellos delegados que sean invitados a testimoniar por aquellos. La Mesa, ante el número de oradores inscritos fijará la duración de las intervenciones de los delegados y podrá limitar la de los miembros del Comité Director y de la Comisión Ejecutiva en función de las necesidades del debate. El Congreso no se pronunciará sobre la totalidad de la gestión de los órganos directivos del partido al final del debate, evitando las votaciones parciales. Los delegados que deseen votar contra una parte de la gestión y aprueben la totalidad, lo manifestarán así para que conste en acta. En el caso de que diez delegados pidan por escrito votación parcial sobre un aspecto concreto de la gestión se procederá a efectuarla sin que se establezca por ello nuevo debate.

DE LA ELABORACIÓN Y DISCUSIÓN DE LOS DICTÁMENES DE PONENCIA

ARTÍCULO 16

Reunidas las ponencias, elegirán un presidente y un secretario de notas.

Su primer trabajo consistirá en examinar las proposiciones de las Secciones, recogidas en la Memoria, y que por su naturaleza tengan relación con la ponencia. Después de dicho examen, así como cualquier a otra proposición nueva que puedan presentar uno o más ponentes, y fijado el criterio sobre el contenido del dictamen, se procederá a elegir uno o más miembros que redacten el dictamen. Si no hubiera unanimidad, los disconformes con la mayoría tienen derecho a presentar al Congreso una enmienda al dictamen u otro proyecto de resolución; es decir, un voto particular, si la discrepancia alcanzara a la totalidad del criterio de la mayoría.

Redactados uno y otro y firmados por cada una de las partes, elegirán cada uno de los grupos un ponente que defenderá ante el Congreso su punto de vista.

En el Congreso se discutirá previamente el voto particular y las enmiendas al dictamen de la mayoría. La Mesa comenzará por preguntar al Congreso si se toma en consideración uno y otras después de oír la lectura de los mismos. La toma en consideración debe limitarse a saber si el voto particular o la enmienda cuadran perfectamente con el espíritu de la ponencia. Es decir, en la toma de consideración no se discutirá el fondo de aquellos. Cuando no se tome en consideración anula todo el debate y se pasa inmediatamente a discutir el dictamen de la mayoría.

Si se toma en consideración, la Mesa abrirá dos o tres turnos en pro y en otros tantos en contra. Los ponentes de la mayoría y minoría consumen turno. En la discusión la Mesa limitará el tiempo de las intervenciones. Las rectificaciones y alusiones se regularán por lo ya establecido. Si triunfa la enmienda, se incorpora al dictamen y se pasa a la discusión de este.

Si lo que triunfa es un voto particular, proyecto de resolución distinto del de la mayoría de la ponencia, se entiende que el dictamen de esta queda rechazado y terminado el debate.

Si no triunfa el voto particular de la mayoría de la ponencia, que tiene derecho de prelación, ni se presentan otras enmiendas por los delegados, la no aceptación del voto particular entraña la aprobación del dictamen y el debate se dará por terminado pasando a ser criterio del Congreso el presentado por la mayoría de la ponencia.

En todas estas discusiones, los miembros de la Comisión Ejecutiva no consumen turno, pero han de sujetarse a las limitaciones de tiempo que haya fijado la Mesa.

DE LAS ELECCIONES

ARTÍCULO 17

Discutidas las gestiones de los organismos directivos del Partido y de la Comisión Nacional de conflictos, queda abierto el periodo electoral para elegir los miembros de la Comisión Nacional de Conflictos y cualesquiera otros organismos que deban ser elegidos por el Congreso.

La Mesa establecerá las urnas y los impresos necesarios, así como el horario de la votación.

La votación para estos casos ha de ser nominal. La delegación ha de firmar la papeleta de voto.

El Congreso designará una comisión de escrutinio, compuesta de cinco miembros, para cada una de las votaciones.

Las Comisiones de escrutinio darán cuenta de su gestión si es posible, antes de terminarse el Congreso.

EFECTIVIDAD DE LOS ACUERDOS

ARTÍCULO 18

"Los acuerdos de éstos (de los Congresos), excepción hecha de los que revistan carácter urgente, no tendrán fuerza de obligar hasta que sean aprobados por las colectividades, las cuales deberán dar su opinión sobre ellos al mes de haberlos comunicado. Las que no respondan en ese plazo se entiende que los aprueban".

VARIOS

ARTÍCULO 19

Salvo las proposiciones de carácter urgente, no se podrán discutir en el Congreso ninguna otra que no conste en el Orden del Día o en las proposiciones que de las Secciones constan en la Memoria y que no hayan sido rechazadas expresamente por los acuerdos del Congreso.

ARTÍCULO 20

Este reglamento puede ser modificado por el Congreso a propuesta de la ponencia de Estatutos, de la Comisión Ejecutiva o de los delegados; pero la reforma sólo se aplicará a partir del Congreso siguiente y no en el curso del mismo que lo haya acordado.

ARTÍCULO 21

La C.E. cuidará de que al lado de los Estatutos del Partido se publique el Reglamento del Congreso.

Fuente: Archivo Exilio PSOE (AE 115-3/FPI)

5.   La organizacion del Congreso

Lugar de celebración: Teatro Jean Vilar
                          16 Place de Stalingrad
                          Suresnes (Francia)

La responsable de la organización del Congreso fue Carmen García Bloise, secretaria de Formación del Militante de la Comisión Ejecutiva del PSOE, apoyada por la Agrupación Socialista de París. Con fecha 10 de julio de 1974 se constituyeron dos Comisiones, una encargada de las instalaciones y la otra de las cuestiones técnicas. A cuyos integrantes Carmen García se dirigió en los siguientes términos:

PREPARATIVOS DEL XIII CONGRESO

Comisión encargada de las instalaciones

París, 10 de julio 1974

Compañeros: M. ÁLVAREZ
                        R.COBO[66]
                        A. CARREIRA
                        R.ROBLEDO[67]

Estimados compañeros:

Tengo el gusto de comunicaros que ya hemos planeado la organización del material del XIII Congreso

Contamos con vosotros para que forméis parte del equipo encargado de las instalaciones y servicio de orden.

---

[66]   Posiblemente Manuel Álvarez Santamaría y Rodolfo Cobo Oliver.

[67]   Antonio Carreiras Llorente y Rafael Robledo Roa. Este último fue responsable de todo lo relativo a la impresión de la documentación del Congreso. De la traducción al francés e inglés de los textos para los representantes internacionales se encargó Myriam Solimán (Testimonio María Luisa García Bloise).

En los primeros días de septiembre te convocaremos para ir empezando prácticamente lo que hay que preparar.

Aprovecho la ocasión para quedar cordialmente vuestra y de la causa socialista.

El responsable de la C.E. para estos
menesteres es: Fernando Gutiérrez
Por la C.E.:   Carmen García Bloise

Comisión encargada de las cuestiones técnicas

París, 10 julio de 1974

Estimados compañeros: David
                           Angelita Arcos
                           Rosita García
                           Lydia Jimeno
                           María Luisa García
                           Celi
                           Aida[68]

Tengo el gusto de comunicaros que la C.E., de acuerdo con el Comité del Grupo de París, os ha designado para formar parte de la comisión encargada de preparar el XIII Congreso previéndoos concretamente para realizar todos los trabajos técnicos del Congreso, a saber: mecanografía, tiradas, venta Material de propaganda, etc.

A principios de septiembre nos reuniremos para ver concretamente lo que hay que realizar y las disponibilidades de cada uno de vosotros teniendo en cuenta las ocupaciones personales. Creemos que se podrá prever un horario para que nos sea a todos posible colaborar y seguir el Congreso.

Contando con vuestra colaboración quedo vuestra y de la causa socialista

Por la C.E.   Carmen García Bloise

---

[68]   Posiblemente David García; Angelita Arcos; Rosita García; Lydia Jimeno Solé; María Luisa García Bloise; Celi ¿? y Aida Álvarez Álvarez.

ALOJAMIENTO

Entre participantes en el Congreso (Delegados, Comisión Ejecutiva y Comité Nacional) y "observadores" (militantes del PSOE del interior y del exterior), la organización tuvo que buscar alojamiento "económico" para en torno a 400 personas.

Mas adelante se comenta que de la Federación de Madrid acudieron a Suresnes más de 50 compañeros. Por la documentación que se ha conservado sobre este tema sabemos que la organización se encargó de alojar a 20. Por las Federaciones de Andalucía acudieron 22 militantes. Desde Lieja (Bélgica) se desplazaron en autocar 45 personas (la organización se encargó de alojar a 36, el resto se alojó en casa de familiares o amigos) cuando el número de aliados con los que figura en la credencial del Congreso es de 35.

No podemos conocer con certeza todos los alojamientos de los participantes y asistentes al Congreso porque la documentación que se ha conservado al respecto es incompleta. Lo que conocemos es lo siguiente:

a) Auberge de Jeunesse (Rue Lakanal / Rueil-Malmaison en Nanterre-París):

  ➤ 60 personas: Valladolid (6), Salamanca (5),Alicante (4), Galicia (2), Utrech (10) y el resto alojamientos individuales (Siegen, Sttutgart, Gütersloh) y personales.

b) Residence Internationale du Comite D'Accueil-RICA (14 Rue de la Bonne Graine/París).

  ➤ 54 personas: Sevilla (18), Rotterdam (11), Amsterdam (6), Veenendaal (6), Dusseldorf (3), Limoges (3) y otros alojamientos personales.

c) Maison Internationale des Jeunes Pour la Culture et Pour la Paix-MIJ (4 Rue Titon/París):

> ➢ 52 personas: Vizcaya (5), Lieja (36), Frankfut (6) y Lausanne (5).

d) Foyer Jeunes Clichy (107 Rue Martre/ Clichy en Nanterre-París):

> ➢ 52 personas: Toulouse (12), Zurich (8), Frankfurt (3), Sete (4), Cher (3), Ales (2), Mirepoix (2), Perpignan (2), Orán (2), Argel (1), Tarbes (1), Nevers (1), Montceau les Mines (1), Saint Eloy les Mines (1) y el resto alojamiento personales.

e) Hotel Principal (Rue General Beuret /París):

> ➢ 22 personas: Toulouse (5), Pau (5) Carcassonne (2), Londres (1), Cher (1) y el resto alojamientos personales.

El total de plazas de alojamiento de estos cinco lugares es de 240. Del resto no conocemos con certeza su ubicación, pero todo hace suponer que fue en dos centros, en los que en los meses previos al Congreso se habían reservado 150 plazas de alojamiento:

> ➢ Foyer International D´Accueil de París (30 Rue Cabanis): 100 plazas.
> ➢ Centre Internationale de Séjour de Paris (6 Avenue Maurice Ravel): 50 plazas.

Para el traslado de los **Delegados** desde París a Suresnes se establecieron tres servicios de autocar, que el viernes y el sábado partían a las 9 de la mañana y regresaban a las 24 horas de la noche y el domingo de las 9 de la mañana a las 16 horas de la tarde. Los lugares de partida y llegada de los autobuses eran:

- Residencia de Clichy (107 Rue Martre).
- Alcaldía del 15º.
- Metro Ledru Rollin.

PROGRAMA PREVISTO E INFORMACIÓN A LOS DELEGADOS Y OBSERVADORES

PROGRAMA

Viernes 11	10 h	Apertura del Congreso
	11 h	Presentación de la Memoria de Gestión
	12,30 h	Vino de honor ofrecido por la alcaldía de Suresnes
	13 h	Almuerzo
	15 h	Discusión de la Memoria
	20 h	Cena
	21 a 24 h	Reunión de ponencias
Sábado 12	10 h	Reunión de las Ponencias
	13 h	Almuerzo
	15 h	Intervención de las delegaciones fraternales
	16 h	Discusión de las ponencias
	19 h	Cena
	21 h	Continuación discusión de las ponencias
Domingo 13	10 h	Continuación discusión de las ponencias
	13 h	Clausura del Congreso[69]

ATENCIÓN: Sesiones abiertas para los periodistas y observadores no afiliados al PSOE

Viernes   mañana   Sábado   tarde   Domingo   mañana

INFORMACIÓN PARA DELEGADOS Y OBSERVADORES

Estimados compañeros:

Con el fin de facilitar el desarrollo de los trabajos del Congreso hemos tomado algunas medidas orgánicas que no dudamos comprenderán todos los Congresistas.

Hemos establecido unas normas que serán respetadas por todos los servicios del Congreso.

---

[69] Como se verá en el Acta del Congreso el horario fue bastante más amplio y apretado.

ACCESO A LA SALA DEL CONGRESO: Solo se tendrá acceso a la sala mediante una tarjeta que se entregará a los interesados en la Comisión de Credenciales para los delegados y en Recepción para los invitados u observadores.

En las mesas solo podrán instalarse los delegados, delegados fraternales, invitados mesas del centro de la sala, delegados fraternales mesas lateral derecha según se entra, invitados lateral izquierda[70].

El servicio de orden pedirá las respectivas tarjetas cada vez que se desee entrar.

ACCESO SALA DE LAS PONENCIAS: Solo podrán entrar en las salas donde se reúnan las ponencias los delegados.

Se ruega a todos los participantes al XIII Congreso que respeten los horarios previstos.

SERVICIOS ANEXOS:
➢ Bar, donde se prevén bocadillos, bebidas, café, té, etc.
➢ Ropero.
➢ Venta material de propaganda del PS y del PSOE, así como de la UGT.
➢ Venta material de Formación UGT, PSOE, JSE.

Os saluda atentamente

La Comisión Organizadora

Los delegados que deseen comer y cenar en los restaurantes previstos por la Comisión Organizadora deberán comprar los tickets antes de las 12 de la mañana en los servicios previstos a estos efectos.

Por razones obvias no se permitirá entrar en la sala con aparatos fotográficos.

Solo el fotógrafo oficial, un compañero de la Sección de París podrá hacer fotos dentro de los locales del Congreso.

Fuentes: Archivo Exilio PSOE (AE 707-4/FPI); Archivo Carmen García Bloise (ACGB 1014)

---

[70] Redacción muy confusa. Interpretamos: mesas centrales los delegados, mesas lateral derecho, según se entra, los delegados fraternales y mesas lateral izquierdo los invitados.

6. Comisión de Credenciales

PRIMER DICTAMEN DE LA COMISIÓN DE CREDENCIALES

Los abajo firmantes Antonio GARCÍA, GIL POZO y León SU-REDA[71], representando a las Secciones de París, Bayona y Madrid, de acuerdo con lo previsto en el reglamento del Congreso en su artículo 6 para acreditar y certificar las credenciales correspondientes a todas las delegaciones existentes al XIII Congreso, emiten el siguiente dictamen desglosado por Secciones

SECCIONES DEL INTERIOR[72]   afiliados   2.548

1.	Álava	126	6 delegados
2.	Alicante	200	4 delegados
3.	Asturias	525	4 delegados
4.	Cádiz	20	1 delegado
5.	Canarias	50	3 delegados
6.	Cataluña	109	3 delegados
7.	Córdoba	50	(–)
8.	Galicia	10	2 delegados
9.	Granada	12	(–)
10.	Guipúzcoa	510	11 delegados
11.	Huelva	25	2 delegados
12.	La Rioja	10	1 delegado
13.	Madrid	135	7 delegados
14.	Navarra	22	2 delegados
15.	Salamanca	26	3 delegados

---

[71] Antonio García Bloise (París), Francisco Gil Pozo (Bayona) y Enrique Moral Sandoval (Madrid).

[72] Hemos alfabetizado las Federaciones para facilitar la lectura y localización.

16.	Sevilla	151	8 delegados
17.	Valencia	20	2 delegados
18.	Valladolid	55	6 delegados
19.	Vizcaya	492	5 delegados
		Total	70 delegados[73]

SECCIONES DEL EXTERIOR[74]   afiliados   1.041/1.049[75]
FRANCIA

1.	Alés (Gard)	23	3 delegados
2.	Bayona (Pirineos Atlánticos)	10	1 delegado
3.	Besseges (Gard)	4	2 delegados
4.	Caen (Calvados)	6	2 delegados
5.	Carcassonne(Aude)	8	4 delegados
6.	Castelsarrasin (Tarn et Garonne)	2	1 delegado
7.	Castres (Tarn)	7	1 delegado
8.	Cher	7	4 delegados
9.	Gap (Altos Alpes)	4	2 delegados
10.	Gironde	43	3 delegados
11.	Grenade (Alto Garonne)	9	3 delegados
12.	Grenoble (Isère)	21	2 delegados
13.	Hendaya (Pirineos Atlánticos)	6	2 delegados
14.	La Grand Combe (Gard)	4	1 delegado
15.	Limoges (Alto Vienne)	3	1 delegado
16.	Limoux (Aude)	6	4 delegados

---

[73] En añadidos posteriores a mano, de Córdoba y Granada, aparen (1/2) delegados. Nosotros solo hemos identificado a uno en cada caso. Según esto en vez de 70, del interior habrían asistido 72 delegados, de los cuales 69 están identificados en el apartado "Participantes en el Congreso".

[74] Hemos ordenado las Secciones del exterior por países.

[75] En los añadidos posteriores a mano aparece Kassel (Alemania). Según esto, en vez de 1.041, los afiliados del exterior serían 1.049.

17.	Lyon (Rhône)	19	2 delegados
18.	Marignac (Alto Garonne)	6	3 delegados
19.	Mirepoix (Ariège)	6	2 delegados
20.	Montceau les Mines (Saone et Loire)	5	2 delegados
21.	Montpellier (Herault)	4	1 delegado
22.	Nevers (Nievre)	4	2 delegados
23.	Nimes (Gard)	12	2 delegados
24.	Oullins Soucieu (Rhône)	12	2 delegados
25.	Oloron Sainte Marie (Pirineos Atlánticos)	5	1 delegado
26.	París (Seine)	163	7 delegados
27.	Pau (Pirineos Atlánticos)	29	6 delegados
28.	Perpignan (Pirineos Orientales)	17	2 delegados
29.	Prades (Pirineos Orientales)	4	2 delegados
30.	Rennes (Ille et Vilaine)	6	3 delegados
31.	Rouhling (Moselle)	10	4 delegados
32.	Saint Eloy les Mines (Puy de Dôme)	5	2 delegados
33.	Saint Jean de Valeriscle (Gard)	7	2 delegados
34.	Sète (Hérault)	3	1 delegado
35.	Tarbes (Altos Pirineos)	18	3 delegados
36.	Toulouse (Alto Garonne)	190	11 delegados

ALEMANIA

37.	Ahlen	18	1 delegado
38.	Dusseldorf	11	3 delegados
39.	Frankfurt	12	7 delegados
40.	Gütersloh	9	2 delegados
41.	Kassel (véase nota 75)	8	1 delegado
42.	Siegen	3	1 delegado
43.	Stuttgart	6	5 delegados

ARGELIA

44.	Argel	4	1 delegado
45.	Casablanca	13	3 delegados
46.	Orán	11	2 delegados

ARGENTINA

47.	Buenos Aires	30	4 delegados

BÉLGICA

48.	Bruselas	34	4 delegados
49.	Charleroi	12	3 delegados
50.	Lieja	35	9 delegados

HOLANDA

51.	Ámsterdam	12	4 delegados
52.	Róterdam	13	6 delegados
53.	Utrecht	25	7 delegados
54.	Veenendaal	16	4 delegados

INGLATERRA

55.	Londres	10	1 delegado

MÉXICO

56.	México	64	6 delegados

SUIZA

57.	Zúrich	17	'	7 delegados

Total 177 delegados[76]

Fuente: Archivo Carmen García Bloise (ACGB 1014-14/FP1)

---

[76] En realidad fueron 160 delegados, pues algunos llevaban actas dobles y triples.

7. Participantes en el XIII Congreso del PSOE en el exilio (Delegados, Comisión Ejecutiva y Comité Nacional)

1	Aceituno	Giménez	Nicasio	Oropesa (Toledo)	1907	Vierzon (Francia)	2001	Cher (Suplente)
2	Agote	Merino	José Ramón	Guipúzcoa ?	1923			Guipúzcoa
3	Aguirre	Cepeda	Manuel	Madrid	1915			Oullins-Soucieu (Rhône)
4	Alonso	Gómez	Benito	Riotuerto (Santander)	1911	Madrid	1992	Pau,Hendaye y Oloron (Pyrénées Atlantiques) y Tarbes (Hautes Pyrénées)/ Comité Nacional
5	Álvarez		Ramón					Lieja (Bélgica)*
6	Álvarez	Álvarez	José	Avilés (Asturias)	1921	Toulouse (Francia)	2014	Montceau les Mines (Saone et Loire)
7	Amores	García	José Manuel	Sevilla	1947			Huelva
8	Antuña	Díaz	César	Carbayín (Asturias)	1908	Roanne (Francia)	1984	Marignac (Haute Garonne) y Buenos Aires (Argentina)
9	Antuña	Fernández	Silvino	Sotrondio (Asturias)	1921	Sotrondio	1999	Rouhling (Moselle)
10	Aparicio	Alonso	Pedro	San Pedro de Galdames (Vizcaya)	1923	Clermont Ferrand (Francia)	2004	Sète y Montpellier (Hérault)
11	Arabid	Cantos	Manuel Adriano	Herencia (Ciudad Real)	1908	Elche (Alicante)	1988	Alicante
12	Aranda	Catalán	Juan	Puerto Real (Cádiz)	1937	Sevilla	2014	Zurich (Suiza)
13	Aranda	Lasheras	María Jesús	Tudela (Navarra)	1948			Navarra

* Posiblemente: Álvarez Argüelles, José Ramón. Teverga (Asturias) 1935-2004.

14	Arche	Molinero	José María	Madrid	1940			Dusseldorf (Alemania)
15	Arias	Fernández	Manuel	Madrid	1902	México DF	1976	México
16	Arias	Iglesias	Celestino	Avilés (Asturias)	1914			Lieja (Bélgica)
17	Ariza	Ruiz	José	Comares (Málaga)	1912			Perpignan y Prades (Pyrenees Orientales)
18	Ariztondo	Aramburu	María Aránzazu	Guipúzcoa ?	1953			Guipúzcoa
19	Armas	López	Ignacio	Bilbao (Vizcaya)	1925	Bruselas (Bélgica)	1992	Bruselas (Bélgica)
20	Arozena	Paredes	José	Santa Cruz de Tenerife (Canarias)	1910	Santa Cruz de Tenerife	1991	Canarias
21	Asensio	Garcia	José María	Guipúzcoa ?	1930	San Sebastián (Guipúzcoa)	2004	Guipúzcoa
22	Ávila	Fernández	Ángel de	Avilés (Asturias)	1904	México DF	1983	México
23	Ávila	Roldán	Francisco	Cijuela (Granada)	1939			Veenendaal (Holanda)
24	Ávila	Roldán	Joaquín	Cijuela (Granada)	1954			Veenendaal (Holanda)
25	Avila	Vidal	Francisco	Cijuela (Granada)	1916			Veenendaal (Holanda)
26	Ayala	Velasco	Alicia	Baracaldo (Vizcaya)	1947			Frankfurt y Kassel (Alemania)
27	Báez	de Aguilar	Juan Manuel	Málaga	1951			Stuttgart (Alemania)
28	Ballesteros	Durán	Rafael	Málaga	1938			Cataluña
29	Baranda	Otero	Justiniano	Villaventin (Burgos)	1943			Vizcaya
30	Barbao	Álvarez	Francisco	Morcín (Asturias)	1910			Alès (Gard)
31	Barredo	Sánchez	Vicente	Begoña-Bilbao (Vizcaya)	1899	Pau (Francia)	1976	Pau (Pyrénées Atlantiques)
32	Bascarán	Guridi	Benigno	Éibar (Guipúzcoa)	1908	San Sebastián (Guipúzcoa)	1984	Guipúzcoa
33	Benegas	Haddad	José María	Caracas (Venezuela)	1948	Madrid	2015	Guipúzcoa

34	Blanco	Rodriguez	Anita Maximina	Cazo-Ponga (Asturias)	1938			Lieja (Bélgica)
35	Blanco	Rodríguez	Luis	Langreo (Asturias)	1907			Rouhling (Moselle)
36	Blasco	del Vilo	Victoriano	Castellón de la Plana	1900			Cher (Suplente)
37	Bustelo	García del Real	Francisco	Madrid	1933			Galicia
38	Cacheiro	Gallego	Celestino	La Habana (Cuba)	1937	La Coruña	2010	Comité Nacional Galicia
39	Calle	García	Lino	Hontanares de Eresma (Segovia)	1936			Amsterdam (Holanda)
40	Cámara	Ricondo	José Luis	Baracaldo (Vizcaya)	1940			Vizcaya
41	Campillo	Sáez	Jesús	La Unión (Murcia)	1908	Saint Jean de Valeriscle (Francia)	1982	Saint Jean de Valeriscle, Besseges y Nimes (Gard
42	Campos	Arribas	Lorenzo	Usanos (Guadalajara)	1899	Madrid	1987	Londres (Inglaterra)
43	Carrasco	Amaro	Antonio	Bélmez (córdoba)	1915			Charleroi (Bélgica)
44	Carreiras	Llorente	Antonio	Madrid	1936			París (Seine)
45	Casas	Martínez	Eduardo	Pozuelo de Vidriales (Zamora)	1933	Elche (Alicante)	¿?	Utrech (Holanda)
46	Castellano	Cardalliaguet	Pablo	Madrid	1934			Comisión Ejecutiva
47	Castro	Mayobre	José	Cervás-Ares (La Coruña)	1934	Toulouse (Francia)	2019	Toulouse (Haute Garonne)
48	Cercas	Alonso	Alejandro	Ibahernando (Cáceres)	1949			Madrid
49	Chaves	González	Manuel María	Ceuta	1945			Sevilla
50	Conde	Díez	Adolfo	Olmedo (Valladolid)	1936			Frankfurt (Alemania)
51	Corcuera	Orbegozo	Carlos	San Sebastián (Guipúzcoa)	1936	San Sebastián	1991	Guipúzcoa
52	Cordero	González	Aladino	La Camocha-Gijón (Asturias)	1950			Asturias

53	Cruz	Abad	Antonio	Córdoba	1942			Dusseldorf (Alemania)
54	Daza	Espín	Agustín	Valencia	1937	Tortosa (Tarragona)	2015	Oullins-Soucieu (Rhône)
55	Díaz	Hevia	Constantino	Riosa (Asturias)	1906			Alès, Besseges y Nimes (Gard) Suplente
56	Dueñas	Plasencia	Miguel	Cuenca	1938			Lyon (Rhône)
57	Echaniz	Aguirre	Miguel	Guipúzcoa ?	1949			Guipúzcoa
58	Espín	Márquez	Salvador	Villanueva del Duque (Córdoba)	1913			Limoges (Haute Vienne)
59	Estrada-Giraldo	Gómez	Cesárea	Villagómez la Nueva (Valladolid)	1909	Marleille (Francia)	2002	Pau (Pyrénées Atlantiques) (como Cesaria de Martínez)
60	Fernández		Emilio	Burgos	1938			Stuttgart (Alemania)
61	Fernández		Ignacio	Valdepeñas (Ciudad Real)	1918			Frankfurt (Alemania)
62	Fernández	Álvarez	Rafael Luis	Oviedo (Asturias)	1913	Oviedo	2010	México
63	Fernández	Bayón	Alberto Eliseo	Mieres (Asturias)	1914	Versailles (Francia)	1993	París (Seine)
64	Fernández	Dueñas	José	Valdepeñas (Ciudad Real)	1910			Nevers (Nièvre)
65	Fernández	García	Jesús	La Huería (Asturias)	1928			Bruselas (Bélgica)
66	Fernández	Lucio	Julio	Baracaldo (Vizcaya)	1902	Toulouse (Francia)	1990	Toulouse (Haute Garonne)
67	Fernández	Roces	Luis	Las Felechosas (Asturias)	1926	Gijón (Asturias)	2007	Lieja (Bélgica)
68	Fernández	Rodriguez	Justo	Los Llanos de Aridane-La Palma (Canarias)	1936	Santa Cruz de Tenerife (Canarias)	2012	Madrid
69	Fradera	Carrillo	Rosa					Charleroi (Bélgica)
70	Galeote	Jiménez	Guillermo	San Sebastián (Guipúzcoa)	1941	Madrid	2021	Comisión Ejecutiva

71	Gárate	Férnandez	Antonia	Bilbao (Vizcaya)	1935			Zurich (Suiza) (come Antonia Olmos)
72	García		Rosalino	San Martin del Rey Aurelio (Asturias)	1913	Saint Vallier (Francia)	2005	Montceau les Mines (Saone et Loire)
73	García	Bloise	Antonio	París (Francia)	1950	Madrid	2008	París (Seine)
74	García	Bloise	Carmen	Madrid	1937	Madrid	1994	Comisión Ejecutiva
75	García	Fernández	Pablo	San Martin del Rey Aurelio (Asturias)	1934			Asturias
76	García	Duarte	Antonio	Antequera (Málaga)	1919	Madrid	2009	Toulouse (Haute Garonne)/ Comisión Ejecutiva UGT
77	García	Ferreiro	José Ramón	Baños de Molgas (Orense)	1946			Amsterdam (Holanda)
78	García	Herrero	Ángel	Segovia	1937			Stuttgart (Alemania)
79	García	López	Pedro	Madrid	1949			Madrid
80	García	Miralles	Antonio	Alicante	1942			Alicante
81	García	Moreno	Raimundo	Cabra (Córdoba)	1930	Cabra	2016	Veenendaal (Holanda)
82	García	Suárez	Arcadio	Sotrondio (Asturias)	1933	Oviedo (Asturias)	2000	Asturias
83	García	Suárez	Marcelo	Sotrondio (Asturias)	1930	Gijón (Asturias)	2015	Comisión Ejecutiva
84	Garnacho	Villarrubia	Manuel	Quart de Poblet (Valencia)	1938	Madrid	2000	Grenoble (Isère) y Gap (Hautes Alpes)
85	Garrido	del Sol	José María	Madrid	1951			Gütersloh (Alemania)
86	Gil	Durán	José	El Puerto de Santa María (Cádiz)	1941			Rotterdam (Holanda)

87	Gil	Pozo	Francisco	Ciudad Real	1904			Bayonne (Pyrénees Atlantiques)
88	Gil	Pozo	Francisco	Madrid	1942			Stuttgart (Alemania)
89	Gómez	Moreno	Francisco	El Almendro (Huelva)	1909	Bruselas (Bélgica)	1983	Bruselas (Bélgica)
90	González	Álvarez	Vicente	Asturias	1933			Lieja (Bélgica)
91	González	Gálvez	Francisco	Motril (Granada)	1938			Utrech (Holanda)
92	González	García	Agustín	La Rotella-Huería Carrocera (Asturias)	1929	Gijón (Asturias)	1977	Comisión Ejecutiva
93	González	Maestro	Carlos	Valladolid	1919	Valladolid	1988	Valladolid
94	González	Marcos	José Luis	Galisancho (Salamanca)	1938	Salamanca	2001	Salamanca
95	González	Márquez	Felipe	Sevilla	1942			Sevilla/ Comisión Ejecutiva
96	González	Ojeda	Eliseo	Cambados (Pontevedra)	1931			Amsterdam (Holanda)
97	Gonzalo	Molina	Porfirio	Soria	1937			Frankfurt (Alemania)
98	Groba	Columna	Alfonso	Galicia	1944			Lieja (Bélgica)
99	Guerra	González	Alfonso	Sevilla	1940			Sevilla/ Comisión Ejecutiva
100	Guillén	Carreras	Fernando	Santiago de Alcántara (Cáceres)	1948	Ochandiano (Vizcaya)	2002	Álava
101	Gutiérrez	Lerchundi	Fernando	San Sebastián (Guipúzcoa)	1937			Comisión Ejecutiva
102	Hermosín	Bono	María del Carmen	Sevilla	1945			Sevilla
103	Hernández	Alvariño	Ricardo Pablo	Madrid	1910	Le Kremlin-Bicetre (Francia)	1999	París (Seine)
104	Hernández	Delgado	Ramón	Badajoz	1911	Madrid	1984	París (Seine)/ Comité Nacional
105	Hernández	Fernández	Cayetano	Granada	1921	Madrid	2000	Madrid

106	Hernández	González	Rafael	Gijón (Asturias)	1909			Hendaye (Pyrénées Atlantiques)
107	Herrera	Piqué	Alfredo	Las Palmas de Gran Canaria (Canarias)	1937			Canarias
108	Herrera	Ruiz	Hilario	Santander	1912			Rennes (Ille et Vilaine)
109	Huesca	Miralles	Juan	San Vicente del Raspeig (Alicante)	1913	Elda (Alicante)	2010	Alicante
110	Iglesias	Garrigós	Juan	Bilbao (Vizcaya)	1915	Bilbao	2001	Comisión Ejecutiva PSOE y UGT
111	Iglesias	Rotella	Manuel	Asturias	1919			Buenos Aires (Argentina) Suplente
112	Iparraguirre	García	Enrique	Fuenterrabia (Guipúzcoa)	1946	Fuenterrabia	2018	Guipúzcoa
113	Jauregui	Atondo	Ramón	San Sebastián (Guipúzcoa)	1948			Guipúzcoa
114	Jiménez		Agustín	Tarrasa (Barcelona)	1950			Toulouse (Haute Garonne)
115	Jiménez	Martínez	Miguel	Almendricos (Murcia)	1950			Granada
116	Jimeno	Velilla	Arsenio	Fuentes de Jiloca (Zaragoza)	1909	Zaragoza	1991	Comisión Ejecutiva
117	Jou	Fonollá	Joaquín	Badalona (Barcelona)	1917	Badalona	1997	Comisión Ejecutiva
118	Joya	Gómez	Ramón	Almería	1935	Guadalajara	1998	Zurich (Suiza)
119	Lacuey	Rived	Luciano	Sos del Rey Católico (Zaragoza)	1937	Floirac (Francia)	2020	Gironde
120	Lana	Torres	Francisco	Sariñena (Huesca)	1915	Rennes (Francia)	2004	Rennes (Ille et Vilaine)
121	Llamas	Fernández	José Luis	Santibáñez (León)	1932			Grenade (Haute Garonne)
122	Llorens	Baño	Roberto	Barcelona	1934			Zurich (Suiza)
123	López		Juan					Valladolid

124	López	Abellán	Manuel	Barcelona	1938	Perpignan (Francia)	2011	Utrech (Holanda)
125	López	Albizu	Eduardo	Sestao (Vizcaya)	1931	Portugalete (Vizcaya)	1992	Comisión Ejecutiva
126	López	Aroca	Orencio	Casasimarro (Cuenca)	1934			Gironde
127	López	Dorado	Luis	Madrid	1925			FranKfurt (Alemania)
128	López	Peña	Francisco	Lugo	1952			Galicia
129	López	Real	Francisco	Ríotinto (Huelva)	1913	Madrid	2004	Comisión Ejecutiva
130	López	Vidarte	José	Llerena (Badajoz)	1916	México DF	1996	México
131	Lorda	Alaiz	Felipe	Almacellas (Lérida)	1918	Barcelona	1992	Utrech (Holanda)
132	Lozoya	Gómez	José Ángel	Valencia	1951			Valencia
133	Luarca	Cueto	Julio	Valle del Moro- Ponga (Asturias)	1926			Lieja (Bélgica)
134	Macua	Morón	José María	Bilbao (Vizcaya)	1916	Toulouse (Francia)	1998	Toulouse (Haute Garonne)
135	Maestre	Valdueza	Félix	Zamora	1946	Gavá (Barcelona)	2015	Valladolid
136	Mancho	Atienza	Jesús Ramón	Palencia	1933	Madrid	2001	Valladolid
137	Mariaca		Abel	Tolosa (Guipúzcoa)	1925			Gironde
138	Márquez	Chaparro	Fernando	Oliva de la Frontera (Badajoz)	1917			Orán (Argelia)
139	Martín	Casarejos	Alfredo	Vitoria (Álava) ?	1950	Vitoria (Álava)	2017	Álava
140	Martín	Herranz	Jesús	Madrid	1920			Casablanca (Marruecos)
141	Martín	Nájera	Aurelio	Madrid	1954			Madrid
142	Martín	Sousa	Santiago	Almadén (Ciudad Real)	1909			Casablanca (Marruecos)
143	Martínez	Barrueta	Victoriano	Bilbao (Vizcaya)	1930			Siegen (Alemania)
144	Martínez	Cobo	Carlos	Madrid	1932	Toulouse (Francia)	2005	Toulouse (Haute Garonne)

145	Martínez	Cobo	José	Madrid	1933			Toulouse (Haute Garonne)
146	Martínez	Cruz	Manuel	Santoña (Santander)	1907			Bruselas (Bélgica)/ Comité Nacional
147	Martínez	Fernandez	Arcadio	Grado (Asturias)	1910			Perpignan y Prades (Pyrenees Orientales)
148	Martínez	García	José	Valencia	1942			Utrech (Holanda)
149	Martínez	Guil	José	Algar (Murcia)	1906	Pau (Francia)	1991	Pau(Pyrénées Atlantiques) y Tarbes (Hautes Pyrénées)
150	Martínez	Vallés	Alfredo	Laviana (Asturias)	1918	Montaigut (Francia)	1998	Saint Eloy les Mines (Puy de Dôme)
151	Mata	Castro	Francisco	La Huería de San Andres (Asturias)	1913			Alés (Gard)
152	Mata	Castro	José	La Huería de San Andres (Asturias)	1911	Alés (Francia)	1989	Marignac (Haute Garonne), Saint Eloy les Mines (Puy de Dôme) y Buenos Aires (Argentina) Comisión Ejecutiva UGT
153	Maturana	Plaza	José Antonio	San Sebastián (Guipúzcoa)	1948			Guipúzcoa
154	Menaya		Juan	Ferrol (La Coruña)	1918			Bruselas (Bélgica)
155	Menéndez	Baragano	Julio	Jaén	1934			Dusseldorf (Alemania)
156	Molina	Ortega	Antonio	Cortes de Baza (Granada)	1933	Carcassonne (Francia)	2012	Carcassonne (Aude)

157	Mondelo	Rondo	Manuel	Ribadesella (Asturias)	1928	Oviedo (Asturias)	2007	Toulouse (Haute Garonne)
158	Moral	Sandoval	Enrique	Zaragoza	1945			Madrid
159	Múgica	Herzog	Enrique	San Sebastián (Guipúzcoa)	1932	Madrid	2020	Comisión Ejecutiva
160	Múgica	Herzog	Fernando	San Sebastián (Guipúzcoa)	1933	San Sebastián (Guipúzcoa)	1996	Guipúzcoa
161	Muñiz	González	Marcelino	Avilés (Asturias)	1911	Rennes (Francia)	2004	Rennes (Ille et Vilaine)
162	Mur	Allué	Pedro	Castejón del Puente (Huesca)	1896	Bourges (Francia)	1991	Cher
163	Navarrete	Merino	Carlos	Málaga	1938	Huelva	2023	Huelva
164	Navarro	Zapater	Roque	Ballobar Huesca)	1902			Castres (Tarn)
165	Niguez	Navarro	Ignacio	Catral (Alicante)	1909			Mirepoix (Ariège)
166	Nogales	Rodriguez	Carmen	San Sebastián (Guipúzcoa) ?				Álava
167	Nogales	Rodríguez	José María	San Sebastián (Guipúzcoa)	1950			Álava
168	Olmo	Escobar	Blas	Campillo (Málaga)	1906			Nevers (Nièvre)
169	Olmos	Bas	Ángel	Madrid	1935	Madrid	2013	Zurich (Suiza)
170	Ortego	Fernández	Antonio	Madrid	1907	Caen (Francia)	1995	Caen (Calvados)
171	Pallas	Bolon	Ramón	Laracha (La Coruña)	1932	Carnoedo-Sada (La Coruña)	2017	Amsterdam (Holanda)
172	Parada	González	Jerónimo	Fuente de Cantos (Babajoz)	1910	Pau (Francia)	1982	Pau (Pyrénées Atlantiques)
173	Pardo	Cabado	Carlos	Mondoñedo (Lugo)	1928	Mazagón (Huelva)	2016	Frankfurt (Alemania) / Comisión Ejecutiva UGT
174	Paredes	Arribas	José	Soria	1885	Limoux (Francia)	1975	Limoux (Aude)
175	Parras	Collado	Francisco	Alcalá la Real (Jaén)	1934	Mataró (Barcelona)	2024	Comité Nacional Cataluña

176	Paul	Tejedor	José Andrés	Santurce (Vizcaya)	1943			Vizcaya
177	Paz	Abril	Paulino de	Urueña (Valladolid)	1930	Valladolid	2004	Valladolid
178	Peña	Oceja	Rafael Marcelino	Hazas de Cesto (Santander)	1906	Carcassonne (Francia)	2000	Carcassonne (Aude)
179	Pera	Sarasua	Blanca	Baracaldo (Vizcaya)	1935	Vizcaya	1996	Vizcaya
180	Perales	Pizarro	Alfonso	Alcalá de los Gazules (Cádiz)	1954	Conil de la Frontera (Cádiz)	2006	Cádiz
181	Pérez	Blanco	Manuel	Peñarroya (Córdoba)	1918	Saint-Ambroix (Francia)	2007	La Grand Combe (Gard)
182	Pérez	Cabello	Julián	Valladolid ?	1928			Valladolid
183	Pérez	Garcia	José	Arjona (Jaén)	1925			Caen (Calvados)
184	Pineda	González	Manuel	Castilblanco de los Arroyos (Sevilla)	1910	Quissac (Francia)	1996	Saint Jean de Valeriscle (Gard)
185	Piñol	Quiles	José	Elche (Alicante)	1909	Mehun sur Yévre (Francia)	2002	Cher
186	Pomares	Pastor	Vicente	Crevillente (Alicante)	1904			Pau (Pyrénée Atlantiques)
187	Quadranti	Gredig	Antonio	Castel San Pietro (Suiza)	1934			Zurich (Suiza)
188	Ramos	García	Fabián	Pamplona (Navarra)	1908	Pau (Francia)	1988	Comité Nacional Marruecos
189	Ramos	Rodriguez	María Florentina	San Martín del Rey Aurelio (Asturias)	1943	Grenoble (Francia)	2004	Grenoble (Isère) y Gap (Hautes Alpes)
180	Redondo	Urbieta	Nicolás	Baracaldo (Vizcaya)	1927	Madrid	2023	Comisión Ejecutiva
191	Reiner		Ulrich	Stuttgart (Alemania)	1947			Stuttgart (Alemania)
192	Rico	Consuelo	Joaquín	Altea (Alicante)	1936			Utrech (Holanda)
193	Roa		Araceli					Álava
194	Robledo	de Roa	Rafael	Madrid	1933	Madrid	2019	París (Seine)
195	Rodrigo	González	Benito	Madrid	1938	Zaragoza	2008	París (Seine)

196	Rodríguez	Dávila	Luis	Madrid	1919			Frankfurt (Alemania)
197	Rodríguez	Leal	José	Corrales del Vino (Zamora)	1918			Salamanca
198	Rodríguez	López	Francisco	Táliga (Badajoz)	1909	Toulouse (Francia)	1983	Grenade (Haute Garonne)
199	Rodríguez	Martín	Francisco	Sevilla	1946			Madrid
200	Rodríguez	Rodríguez	Francisco	Granada	1906			Casablanca (Marruecos)
201	Rodríguez	Valle	Ramón	Cádiz	1913			Rotterdam (Holanda)
202	Rodríguez	Valverde	León Máximo	Val de Santo Domingo (Toledo)	1909	Madrid	1997	Toulouse (Haute Garonne)/ Comité Nacional PSOE / Comisión Ejecutiva UGT
203	Rosa	Boisgontier	Montserrat de la	Barcelona	1924			Rotterdam (Holanda)
204	Roselló	de la Rosa	Montserrat	Barcelona	1948			Rotterdam (Holanda)
205	Roselló	Pallarés	Salvador	Prat de Compte (Tarragona)	1925			Rotterdam (Holanda)
206	Ruiz	Marcos	José Manuel	Ujo (Asturias)	1926			Gütersloh y Ahlen (Alemania)
207	Saavedra	Acevedo	Jerónimo	Las Palmas de Gran Canaria (Canarias)	1936	Las Palmas de Gran Canaria (Canarias)	2023	Canarias
208	Sáenz	Cosculluela	Javier Luis	Logroño	1944			La Rioja
209	Sánchez		Antonio					Mirepoix (Ariège)
210	Sánchez	Flores	Silviano	Tembleque (Toledo)	1905			Toulouse (Haute Garonne)
211	Sánchez	Sáez	Ángel	Puente de Vallecas (Madrid)	1913	Lyon (Francia)	2003	Lyon (Rhône)

153

212	Sanclemente	Bernal	Pablo Ramón	Pertusa (Huesca)	1916	Cépie (Francia)	2003	Limoux (Aude)
213	Sanguesa	Mazo	Pascual	Calahorra (Logroño)	1923	San Sebastián (Guipúzcoa)	2010	Gironde
214	Santín	Ortiz de Zárate	Francisco	Sestao (Vizcaya)	1932			Lieja (Bélgica)
215	Saracíbar	Sautúa	José Antonio	Bilbao (Vizcaya)	1941			Vizcaya
216	Sargas	Cahue	José	Barcelona	1898	Barcelona	1983	Argel (Argelia)
217	Sauzo		Gonzalo					Buenos Aires (Argentina)
218	Semitiel	Rubio	Andrés	Cieza (Murcia)	1901	México DF	2004	México
219	Senosiaín		Gonzalo					Charleroi (Bélgica)
220	Septién	Ortiz	Javier	Bóveda de la Ribera (Burgos)	1946	Vitoria (Álava)	2014	Álava
221	Simón	Velasco	Manuel	Decazeville (Francia)	1942			Toulouse, Grenade y Marignac (Haute Garonne)
222	Soriano	Azorín	Agustín	Yecla (Murcia)	1915	Valencia	1982	Valencia
223	Suárez	Begega	Rubén	Laviana (Asturias)	1953			Asturias
224	Suárez	García	Josefina	Turón-Mieres (Asturias)	1929	Madrid	1983	Castelsarrasi (Tarn et Garonne)
225	Tantos	Bordonaba	Alberto	Buñuel (Navarra)	1942			Navarra
226	Tomás	Vega	Purificación	Belmonte de Mezquín (Teruel)	1918	Oviedo (Asturias)	1990	México/ Comité Nacional
227	Torregrosa	Insa	Ramón	Alicante	1935			Zurich (Suiza)
228	Triginer	Fernández	José María	Agramunt (Lérida)	1943			Cataluña
229	Unsain	Ibañez	Nicasio	Madrid	1909	Madrid	1980	Tarbes (Hautes Pyrénées)

154

230	Valentín	Antón	José	Rincón de Ademuz (Valencia)	1941		Cataluña
231	Valle	Arévalo	Manuel del	Sevilla	1939	Sevilla	2020	Sevilla
232	Vallejo	Rodríguez	Rafael	Bailén (Jaén)	1947		Córdoba
233	Vázquez		Manuel				Rouhling (Moselle)
234	Vázquez	Martínez	José	Turon-Mieres (Asturias)	1928		Rouhling (Moselle)
235	Vega	Paredes	Rafael	Salamanca ?	1934		Salamanca
236	Vico	Escribano	Valerio	Alcalá la Real (Jaén)	1943		Rotterdam (Holanda)
237	Vidal	Contreras	Joaquín	Las Torres de Cotillas (Murcia)	1939	Carcassonne (Francia)	2006	Carcassonne (Aude)
238	Vidal	Jiménez	Diego	Las Torres de Cotillas (Murcia)	1913		Carcassonne (Aude)
239	Vidal	Morera	Josefina	Tárrega (Lérida)	1932		Utrech (Holanda)
240	Villa	Díaz	Manuel Marino	Santiago de Arenas-Siero (Asturias)	1938		Lieja (Bélgica)
241	Viñuelas	Pueyo	Mariano	Pertusa (Huesca)	1923	Souffiac d´Aude (Francia)	1974	Limoux (Aude)
242	Viu	Palmer	José María	Pertusa (Huesca)	1915	Carcassonne (Francia)	1995	Limoux (Aude)
243	Yáñez-Barnuevo	García	Luis	Coria del Río (Sevilla)	1943		Sevilla
244	Zaplana	Belén	Bienvenido	Crevillente (Alicante)	1920	Crevillente	1995	Alicante
TOTAL	69 delegados del interior; 159 delegados del exterior y 16 miembros Comisión Ejecutiva y Comité Nacional						
Faltan por identificar	3 delegados del interior (uno de Alicante y dos de Sevilla) y otro del exterior de Orán (Argelia), que podría ser José Biosca Gómez, José Gutiérrez Suárez o Fernando Machuca Blanco						

Sabemos que asistieron al Congreso como observadores o invitados del interior:			
Alonso	Novo	Luis	Madrid/Comisión Ejecutiva UGT
Antuña	Fernández	Florencio	Asturias
Baeza	Martos O'Neil	Fernando	Madrid
Barbón	Martínez	Emilio Nicolás	Asturias
Barón	Crespo	Enrique Carlos	Madrid
Cabezudo	Martínez	Esther	Vizcaya
Carcaboso	Flores	Manuel	Madrid
Carvajal	Pérez	José Federico de	Madrid
Caules	Juan	José	Menorca-Baleares
Cid	Cebrián	Miguel	Madrid
Colino	Salamanca	José Luis	Valladolid
Criado	Calvo	Dolores	Madrid
Cruz	Santiago	Carlos de la	Madrid
Fernández-Montesinos	García	Manuel	Madrid, en esos momentos en Alemania
Fernández	Sanz	Matilde	Madrid
García	García	Vicente	Toledo
Gil	Río	Jesús	Vizcaya
Lope	Huerta	Arsenio	Madrid
Martínez	Martínez	Miguel Ángel	Madrid, en esos momentos en Bruselas
Morán	Calvo-Sotelo	Fernando	Madrid
Peñaranda	Rioja	José María	Vizcaya
Pérez	Orozco	José María	Sevilla
Pérez	Voituriez	Antonio	Canarias
Reyna	Fernández	Sebastián	Madrid/Comisión Ejecutiva JSE
Solana	Madariaga	Francisco Javier	Madrid
Torres	Boursault	Leopoldo	Madrid
Vázquez	Castillo	Eusebio	Sevilla
Vírseda	Barca	Francisco	Madrid
Zayas	Mariategui	Carlos	Madrid
También estuvieron en el Congreso periodistas de medios de comunicación españoles, como por ejemplo, José Manuel Arija (Cambio 16) y Lorenzo Contreras			

Fuentes: Archivo Carmen García Bloise (ACGB 1014/FPI); Diccionario Biográfico del Socialismo Español 1879-1975

TABLA DE EDADES			
PARTICIPANTES EN EL CONGRESO DE SURESNES			
AÑO	NACIDOS	AÑO	NACIDOS
1885	1	1927	1
1896	1	1928	5
1898	1	1929	2
1899	2	1930	5
1900	1	1931	2
1901	1	1932	6
1902	3	1933	9
1904	3	1934	9
1905	1	1935	5
1906	5	1936	7
1907	4	1937	9
1908	5	1938	11
1909	10	1939	3
1910	7	1940	3
1911	4	1941	4
1912	2	1942	7
1913	9	1943	6
1914	2	1944	2
1915	6	1945	3
1916	4	1946	5
1917	2	1947	4
1918	7	1948	6
1919	4	1949	3
1920	2	1950	6
1921	3	1951	3
1923	4	1952	1
1924	1	1953	2
1925	5	1954	3
1926	3	Sin datos	9
LA EDAD MEDIA ERA DE 46 AÑOS			

TABLA DE EDADES PARTICIPANTES DEL EXTERIOR			
AÑO	NACIDOS	AÑO	NACIDOS
1885	1	1925	5
1896	1	1926	3
1898	1	1928	4
1899	2	1929	1
1900	1	1930	2
1901	1	1931	1
1902	3	1932	5
1904	3	1933	5
1905	1	1934	5
1906	5	1935	4
1907	4	1936	4
1908	3	1937	7
1909	10	1938	8
1910	6	1939	2
1911	4	1940	1
1912	2	1941	1
1913	8	1942	4
1914	2	1943	2
1915	5	1944	1
1916	4	1946	1
1917	1	1947	2
1918	6	1948	1
1919	3	1950	2
1920	1	1951	2
1921	2	1954	1
1923	3		
1924	1	Sin datos	6
LA EDAD MEDIA ERA DE 51 AÑOS			

TABLA DE EDADES PARTICIPANTES DEL INTERIOR			
AÑO	NACIDOS	AÑO	NACIDOS
1908	2	1937	2
1910	1	1938	3
1913	1	1939	1
1915	1	1940	2
1917	1	1941	3
1918	1	1942	3
1919	1	1943	4
1920	1	1944	1
1921	1	1945	3
1923	1	1946	4
1927	1	1947	2
1928	1	1948	5
1929	1	1949	3
1930	3	1950	4
1931	1	1951	1
1932	1	1952	1
1933	4	1953	2
1934	4	1954	2
1935	1		
1936	3	Sin datos	3
LA EDAD MEDIA ERA DE 36 AÑOS			

8. Representantes internacionales al XIII Congreso del PSOE

Internacional Socialista	Ronald (Rodney) Balcomb (Secretario General adjunto)
Partido Socialista Francés	François Mitterrand; Robert Pontillon; A. Blanca; J. Sarre; L. Jospin; M. Tahauvin
Comité Noruego Pro España	K. Werner
Partido Socialista Suizo	K. Gmuender Rallo
Partido Socialista Noruego	L. Heraldseth
Partido Socialista Portugués	Eduardo Maria; Cadete, Aires; Loureiro; Fradique; Duarte
Liga Comunista Yugoslava	Budimir Babovic
Partido Socialista Sueco	Bert Carlsson
Partido Socialdemócrata Alemán	Verónica Isember; Max Diamant
Juventud Socialista Francesa	Jean M. Pernot (Pernod)
Partido Socialista Chileno	Carlos Altamirano
Partido Socialista Belga	A. Léonard; G.Dejardin
Partido Socialista Italiano	Craxi,; Maggi; Achlil, Bordon; Goecio
Movimiento Panhelénico Socialista	Christ Baskiotis; Andreas Tsapis
Liga de los Derechos del Hombre	Daniel Meyer
Izquierda Socialista Europea	J. Enock
Unión Nacional de Fuerzas Populares	Mohamed Kaddour

Además asistieron numerosos militantes del P.Socialista francés, entre los que figuran J.P.Chevennement; Charles Hernu; Bernard Montanier; Pierre Godonni, G.le Gallo; J Guillard; Mermans, representantes oficiales de las federaciones de la región parisina, de la Seine Saint Denis, París, Essonne, Hauts de Seine.

Militantes de Partido Socialista italiano de Milan, Florencia y Torino.

El Congreso recibió numerosos telegramas de adhesión y saludos, entre los que figuran, el de André Bergeron (F.O.), R.G. Hayward (Labour Party); I.Durieux Armen; M.T. Martin (Mujeres Socialistas Belgas); J.Franceshi, F. Serruciat; A. Labarrère; diputados y alcaldes socialistas, A.R.D.E.; Partido Socialista Holandés; Henri Simmonet (Comunidades Europeas); F.R.A.P; P.Falcone (Parlamento Europeo); P.C. de España; Consejo Federal Español del Movimiento Europeo, J. Thonson (Comunidad Europea); P. Socialista Austriaco.

Fuente: *El Socialista* (Segunda quincena octubre 1974)

9. Acta XIII Congreso (Suresnes 11-12-13, octubre 1974)

PARTIDO SOCIALISTA OBRERO ESPAÑOL
XIII CONGRESO
Celebrado en Suresnes (Francia)
los días 11, 12 y 13 de octubre de 1974

ACTA DEL CONGRESO[77]

PRIMERA SESIÓN: Viernes 11 de octubre

- A las 11 de la mañana, la Compañera Carmen García de Robledo[78], en nombre de la Comisión Ejecutiva, abre la primera sesión del Congreso saludando a los participantes y a las fraternales presentes.

- En nombre de la Comisión de Credenciales, integrada por delegados de París, Madrid y Bayona, un delegado madrileño somete a votación el primer dictamen. Al ser aprobado dicho dictamen, queda el XIII Congreso constituido de la siguiente forma:

    * Delegaciones del Interior: 19 federaciones con un total de 2.548 afiliados son representados por 70 delegados[79]

---

[77] Como vamos a ir viendo a lo largo del acta, este documento resulta cuanto menos insatisfactorio. Contiene errores, faltan "discusiones políticas" y resulta poco claro en la discusión y aprobación de los dictámenes de las ponencias. Iremos señalando los errores y apuntando alguna de las "faltas".

[78] Carmen García Bloise.

[79] En el texto de la Comisión de Credenciales vimos que en realidad los delegados del interior fueron 72, pues las Federaciones de Córdoba y Granada figuran sin delegado.

* Delegaciones del Exterior: 58 agrupaciones con un total de 1.049 afiliados son representados por 177 delegados[80]
* En total: 77 federaciones o agrupaciones con un total de 3.597 afiliados son representados por 247 delegados[81]

• Nombramiento de la mesa del Congreso. Por aclamación se constituye la mesa del Congreso de la siguiente forma:

Presidente: José Martínez Cobo (Toulouse)
Vicepresidente: Andrés (Sevilla)[82]
Secretario de Actas: Manuel Garnacho (Grenoble y Gap)
Secretarios de notas: Fabián Ramos (Casablanca) y Gerónimo (Canarias)[83]

SEGUNDA SESIÓN: Viernes 11 de octubre

• A las 11 y cuarto de la mañana el compañero José Martínez abre la segunda sesión saludado al Congreso en nombre de la Mesa y enunciando las intervenciones de los delegados fraternales siguientes:

* Robert PONTILLON: Alcalde de Suresnes y secretario Internacional del Partido Socialista Francés.
* Daniel MAYER: Presidente de la Liga Francesa de los Derechos del Hombre.

---

[80] Las Secciones del Exterior fueron 57 y los delegados "reales" 160, pues existieron delegados con dobles y triples representaciones. En la Circular nº 1 de la Comisión Ejecutiva (noviembre 1974) se dice que las secciones del exterior fueron 62. Debería haberse producido un segundo dictamen de la Comisión de Credenciales que no existe o no hemos localizado.

[81] Por tanto fueron 76 (19 federaciones y 57 agrupaciones) y 232 delegados (72 interior y 160 exterior). En el apartado "Participantes en el Congreso" están identificados 69 delegados del interior (falta uno de Alicante y dos de Sevilla) y 159 del exterior (falta uno de Orán-Argelia).

[82] Alfonso Guerra González.

[83] Jerónimo Saavedra Acevedo.

* Las dos intervenciones fueron largamente aplaudidas por el Congreso y contestadas por el Presidente.

- A continuación fueron leídos los mensajes enviados por ARDE, FRAP, Partido Socialista de Austria, La Mutual Femenina de Bélgica y varias personalidades socialistas francesas.
- A proposición de la mesa del Congreso se decide enviar un telegrama de felicitación al Partido Laborista Inglés por su triunfo en las elecciones legislativas, y otro a los participantes de la "Assises du Socialisme" de Francia.
- Presentación de la Gestión realizada por la C.E.: Antes de acabar la segunda sesión intervienen los compañeros Juan Iglesias (Secretario de Organización exterior) y Juan[84] (Secretario Político) para ampliar la información contenida en la Memoria de Gestión.

TERCERA SESIÓN: Viernes 11 de octubre

- A las 3 de la tarde se inicia la tercera sesión con la continuación de la información de la Comisión Ejecutiva. Informan los compañeros Goizalde[85] (Secretario de Organización interior) y Hervás[86] (Secretario de Relaciones Internacionales).
- A continuación interviene los compañeros Rodríguez (Secretario de la Comisión Nacional de Conflictos) e Isidoro[87], quien a petición de la C.E. informa largamente sobre la situación de España y el futuro de nuestra Organización.

El documentado informe de Isidoro es largamente aplaudido por el Congreso.

---

[84] Nicolás Redondo Urbieta.
[85] Enrique Múgica Herzog.
[86] Pablo Castellano Cardalliaguet.
[87] Un resumen del informe aparece en los anexos al Acta.

CUARTA SESIÓN: Viernes 11 de octubre

• A las 5 de la tarde se reanudan las tareas del Congreso con la *Discusión y Crítica de la Gestión de la C.E.* Intervienen las delegaciones de *Madrid:* Censura a la Comisión Ejecutiva por: no haber marcado una línea de conducta clara; haber criticado la actuación de un animador en un cursillo de formación celebrado en París y mantener contacto con Organizaciones de derecha y rechazárselas al PCE.

Gutersloh: Critica la actitud de censura adoptada por la C.E. y pide varias aclaraciones.

Carcassonne: Critica a la C.E. por las dimisiones de los responsables de prensa en el interior y por la poca publicidad dada a la actuación del Partido.

Utrech: Presenta un voto de censura parcial por la actitud adoptada por la C.E. respecto al conflicto existente entre las secciones de Holanda.

Una petición firmada por 16 delegaciones pide que el Congreso se pronuncie sobre este problema.

Sevilla: Critica las carencias de la C.E. en lo que respecta a: contactos con las federaciones provinciales; contenido actual de *El Socialista;* designación de animadores para los cursillos de formación celebrados en Carmaux y París y trabajo parcial y discontinuo.

París: Critica por falta de coordinación en el seno de la C.E. que ha dado lugar a conflictos personales.

Utrech: Pregunta a la Comisión Nacional de Conflictos sobre su actuación en el conflicto de Holanda y critica a la C.E. por la imagen que ofrece el Partido en España a través de publicaciones como *Pueblo.*

Huelva: Critica a la Comisión Ejecutiva por: actitud que ha impedido al Partido participar más activamente en acontecimientos surgidos en el país; carencia de la labor realizada cara a la emigración y actuación de sus miembros en las reuniones del Comité Nacional.

- **Respuesta de la Comisión Ejecutiva.** Intervienen en nombre de la Comisión Ejecutiva los compañeros Juan, Hervás, Goizalde y Arsenio Jimeno. Por alusiones vuelve a intervenir el delegado de Madrid, a quien contesta el delegado de Sevilla respecto a la actuación de animadores en cursillos de Formación del Militante.
- **Aprobación de la Gestión presentada por la C.E.**

1) Votación global de la Gestión:

En pro	53 delegaciones
En contra	13 delegaciones
Abstenciones	4 delegaciones
No participan en el voto	7 delegaciones
Total	77 delegaciones[88]

2) Voto de censura parcial presentado por Utrech:

En pro	12 delegaciones
En contra	40 delegaciones
Abstenciones	13 delegaciones
No participan en el voto	12 delegaciones
Total	77 delegaciones

- La gestión presentada por la C:E. queda aprobada.
- El voto de censura presentado por Utrech es rechazado[89].

---

[88] Ya vimos que las delegaciones presentes en el Congreso fueron 76.

[89] En cuanto al sistema de votación hay que tener en cuenta que al levantar la tarjeta roja de votación, el delegado o el cabeza de la delegación lo hacía por el número de afiliados que representaba. Es decir, que aun en votaciones como esta, en la que se cuenta el número de delegaciones, se está teniendo en cuenta el número de afiliados que cada una representa. Si entre las 24 delegaciones que no apoyaron la gestión de la Comisión Ejecutiva (17 en contra; 4 abstenciones y 7 que no votaron) no se encontraba ninguna de las grandes Federaciones (Asturias 525 afiliados, Guipúzcoa 510 y Vizcaya 492..., ya que por sí solas representaban más del 41% de los afiliados) es imposible que la suma del número de afiliados que representaban fuera superior al de las delegaciones que apoyaron la gestión. Este sistema de votación por número de delegaciones "a mano alzada" se utilizó en el desarrollo del Congreso varias veces para cuestiones menores (Testimonio Aurelio Martín Nájera).

– **Constitución de las Ponencias.** La Comisión Ejecutiva y la Mesa proponen que se constituyan 7 ponencias:

1) Organización y estatutos
2) Política
3) Prensa y Propaganda
4) Administración
5) Internacional
6) Formación del militante
7) Varios

Varias delegaciones piden que se unan en una misma ponencia los temas Política e Internacional. Piden un voto nominal que da el resultado siguiente:

En pro	1.142 votos
En contra	2.397 votos
Abstenciones	58 votos
Total	3.597 votos

– Las 7 ponencias propuestas por la C. E. y la Mesa quedan pues aprobadas.

– A las 8 y media de la noche del viernes 11 de octubre se suspenden las tareas del Congreso para que las ponencias puedan iniciar sus trabajos.

QUINTA SESIÓN: Sábado 12 de octubre

• A las 3 de la tarde se reanudan las tareas del Congreso para discutir el dictamen presentado por la ponencia de AD-MINISTRACCIÓN. El Congreso rechaza una enmienda presentada por la sección de *Bruselas* referente a la cuota extraordinaria pro-congreso. Se aprueba la enmienda presentada por *Pau* quedando retiradas del dictamen las palabras "del Exterior" (tercer párrafo de la Comisión Ejecutiva). **El Congreso aprueba el dictamen.**

- Intervienen a continuación las delegaciones fraternales siguientes:

    ➢ Rodney BALCOMB: Secretario adjunto de la Internacional Socialista y delegado del Partido Laborista Inglés.
    ➢ François Mitterrand: Primer Secretario del Partido Socialista Francés a quien el Congreso acoge con una larga ovación.
  En nombre de la mesa del Congreso. El compañero Andrés contesta al compañero Mitterrand, que es despedido y ovacionado por el Congreso puesto en pie[90].
    ➢ ¿? y Kare WERNER: Presidente y Secretario del Der Nossk Spania Komitten (Noruega) que hacen entrega de un donativo al Partido.
    ➢ Delegación del Partido Socialista de Portugal, que es muy largamente ovacionada por el Congreso puesto en pie.
    ➢ CRAXI: Vicesecretario del Partido Socialista Italiano.
    ➢ ¿?: Representante de la Liga Comunista de Yugoslavia[91]
    ➢ ¿?: Representante del Partido Socialista de Suiza[92]
    ➢ DEJARDIN: Miembro del Partido Socialista de Bélgica.
    ➢ Max DIAMANT: Representante del Partido Socialista de Alemania Federal.
    ➢ PERNOD: Secretario General de las Juventudes Socialista de Francia.
    ➢ ¿?: Representante de la Unión Socialista de Marruecos.[93]
    ➢ A. GARCÍA DUARTE: Secretario de Organización (exterior) de la Unión General de Trabajadores.

---

[90] En los anexos al Acta se reproduce el discurso de Mitterrand y la contestación de Alfonso Guerra.

[91] Budimir Babovic.

[92] K. Gmuender Rallo.

[93] Mohamed Kaddour.

- A todos estos delegados contesta el compañero Hervás en nombre de la Comisión Ejecutiva.
- El compañero José Martínez da lectura de numerosos mensajes de solidaridad enviados por organizaciones hermanas de Europa, América, Asia, África y Australia.
- A proposición de la Mesa el Congreso aprueba dirigir un mensaje de solidaridad al Pueblo Chileno[94].

SEXTA SESIÓN: Sábado 12 de octubre

- A las 6 y media de la tarde se reanuda la discusión sobre los dictámenes presentados por las ponencias.

- FORMACIÓN DEL MILITANTE: Presentan enmiendas las delegaciones de:

  Grenade: sobre la redacción de la introducción. **Es aceptada por el ponente.**
  Valladolid: rechazada por el Congreso.
  Vizcaya: supresión de la distinción "interior-exterior". **Es aceptada por el ponente.**

El Congreso aprueba el dictamen enmendado

- PRENSA Y PROPAGANDA:
  Vizcaya[95]: Presenta un voto particular sobre el lugar de confección de *El Socialista* que da lugar a la votación nominal siguiente:

En pro	1.721 afiliados
En contra	1.838 afiliados
Abstenciones	38 afiliados
Total	3.597 afiliados

---

[94] El texto puede verse en los acuerdos del Comité Nacional, en el apartado 12.

[95] El voto particular fue firmado también por las secciones de Bruselas (Bélgica) y Toulouse, París, Gironde, Grenade y Oullins-Soucieu (Francia).

Queda pues rechazado el voto particular y el Congreso aprueba el dictamen.

- Antes de clausurar la sesión en compañero Presidente da lectura de una carta enviada por el Comité Central de Partido Comunista Español.

  - La delegación de Madrid[96] dirige a la mesa una petición en la que declara haber sido ofendido uno de sus miembros[97] por el delegado de Sevilla en una intervención de la 4ª sesión sobre los animadores de cursillos en Carmaux y París.

- Después de escuchar la cinta magnetofónica de dicha 4ª sesión, la Mesa pide al delegado de Sevilla[98] que aclare en la tribuna su intervención. Así lo hace este delegado, dándose por satisfecha la delegación de Madrid.

SÉPTIMA SESIÓN: Sábado 12 de octubre

- A las nueve y media de la noche se inicia la discusión del dictamen presentado por la Ponencia INTERNACIONAL. Presentan enmiendas las secciones de:

---

[96] El escrito presentado a la Mesa fue firmado por 32 personas. El encabezamiento era el siguiente: "Los abajo firmantes, miembros de la Comisión Ejecutiva, pleno de la delegación de Madrid y observadores de la misma Agrupación, ante la intervención del compañero de Sevilla L.Y. MANIFIESTAN [...]". Lo que no era cierto. No lo firmaba ningún miembro de la Comisión Ejecutiva (figura el nombre de Luis Alonso Novo, que era miembro de la Comisión Ejecutiva ..., pero de la UGT). No aparece la firma de ningún delegado de Madrid y sí, por supuesto, la de 31 "observadores" de la Agrupación de Madrid. Lo que quiere decir que existió una "suplantación" de la delegación de Madrid. Este fue un problema al que la delegación de Madrid se enfrentó durante todo el Congreso. Los "observadores de Madrid", que superaban el número de cincuenta, pretendieron que las decisiones de la delegación fueran "asamblerias". A lo cual la delegación se negó tajantemente (Testimonio Aurelio Martín Nájera).

[97] Enrique Moral Sandoval.

[98] Luis Yáñez-Barnuevo García.

Sevilla[99]: Sobre Oriente medio y solidaridad con el Pueblo Palestino.

Defienden la enmienda en dos turnos *Sevilla* y *Madrid* y la impugnan el Ponente y *Guipúzcoa*.[100]

Por Mayoría, el Congreso rechaza la enmienda

Utrech: Pide que la ponencia incluya en su dictamen la proposición de su sección incluida en el capítulo "Varios".

El Congreso rechaza esta petición

Argel: Sobre autodeterminación de la colonias españolas. **Aceptada por el ponente.**
Canarias: Propone una nueva redacción del párrafo que trata de los derechos del Pueblo Saharaui. **Aceptada por el ponente.**

El Congreso aprueba por mayoría el dictamen enmendado

OCTAVA SESIÓN: Domingo 13 de octubre

- A las 9 de la mañana es abierta la sesión. La Mesa decide incluir en los archivos del Congreso una moción redacta-

---

[99]   La enmienda fue firmada por las delegaciones de Sevilla, Madrid, Álava, Cádiz, Córdoba, Galicia, Granada, Huelva y Valencia del interior, y Ahlen y Gütersloh (Alemania), Utrecht (Holanda) y Londres (Inglaterra) y del exterior. En los anexos al Acta se reproduce el texto de la enmienda.

[100]   El delegado de Madrid (Aurelio Martín Nájera) condenó el sionismo y defendió la creación de un Estado Palestino. El delegado de Guipúzcoa que intervino en desacuerdo con esta propuesta fue Fernando Múgica Herzog. Como anécdota del Congreso, durante los días de celebración del mismo, miembros de las JSE del interior realizaron una pintada en las escaleras de acceso al teatro "Jean Vilar" de Suresnes, contra el sionismo y el Estado de Israel. Enrique Múgica al subir las escaleras y realizar un gesto de desaprobación con los lemas escritos, en los que se equiparaba la estrella de David con el anagrama de la SS, resbaló con tan mala fortuna que al caer se produjo un importante esguince de tobillo (Testimonio Aurelio Martín Nájera; Pablo Castellano *El País* 14.X.1974 y *Yo si me acuerdo*, p. 219).

da por varias delegaciones no satisfechas por la votación del Congreso referente a la situación en Oriente Medio.

- Se entabla la discusión sobre el dictamen de la Ponencia VARIOS. El Congreso rechaza un voto particular presentado por *Grenade* pidiendo la supresión de los párrafos f y j. Se aprueba una enmienda presentada por *Madrid* sobre el 3° punto que trata de la FNJSE. El Congreso rechaza esta enmienda de Madrid que pide se suprima el 2° párrafo que trata de "inválidos y mutilados".

El dictamen enmendado es aprobado

- A petición de la delegación de *Zurich*, el Congreso aprueba hacer un llamamiento respecto al referéndum xenófobo que va a organizarse en Suiza.
- Continúa la discusión de los dictámenes de ORGANIZACIÓN Y ESTATUTOS.
- Cuatro votos particulares son rechazados por el Congreso. Dos presentados por *Madrid* y *Valencia* lo son en votaciones mayoritarias por delegaciones. Los otros dos dan lugar a votaciones nominales.
- Voto particular presentado por *Sevilla* sobre la residencia de la C.E.[101].

En pro	1.644 votos
En contra	1.876 votos
Abstenciones	77 votos
Total	3.597 votos

---

[101]   Su texto era "El XIII congreso acuerda que la Comisión Ejecutiva del PSOE resida íntegramente en España". El voto particular lo firmaron también las delegaciones de Madrid, Álava, Asturias, Cádiz, Cataluña, Córdoba, Galicia, Granada, Huelva, Salamanca, Valencia y Valladolid del interior, y Ahlen y Güterslh (Alemania), París y Grenoble (Francia), Utrech (Holanda), Londres (Inglaterra) y México del exterior.

- Voto particular presentado por *Valencia* sobre la periodicidad de reuniones del Comité Nacional (cada 4 meses)

En pro	1.252 votos
En contra	2.337 votos
Abstenciones	8 votos
Total	3.597 votos

El dictamen es aprobado por el Congreso

- POLÍTICA. Voto particular presentado por *Galicia* modificando la totalidad del 4º párrafo: **Rechazado por el Congreso.**
Las enmiendas presentadas respectivamente por las secciones de *Saint Jean de Valeriscle, Utrech y Argel,* son todas **rechazadas por el Congreso.** La enmienda de *Sevilla* tiende a la supresión del 7º párrafo y da lugar a un voto nominal cuyo resultado es el siguiente:

En pro	2.039 votos
En contra	1.432 votos
Abstenciones	126 votos
Total	3.597 votos

El Congreso aprueba el dictamen quedando suprimido el 7º párrafo[102]

El Congreso aprueba la Declaración sobre Nacionalidades y Regiones

- Antes de levantar la octava sesión se constituye la Comisión de escrutinio y se ponen en práctica las modalidades de cele-

---

[102] Este párrafo decía: "Por último, el PSOE, una vez más, reitera su carácter marxista y revolucionario y su objetivo esencial: la toma del poder político y económico por la clase trabajadora". El siguiente Congreso celebrado en Madrid en diciembre de 1976 (el XXVII..., trece celebrados antes de la guerra civil y trece en el exilio) aprobó introducir en su declaración el carácter marxista del Partido que tres años después, en septiembre de 1979, se suprimió en un Congreso Extraordinario del PSOE.

bración de elecciones para el nombramiento de la Comisión Ejecutiva y de la Comisión nacional de Conflictos.

NOVENA Y ÚLTIMA SESIÓN: Domingo 13 de octubre

- A la 1 de la tarde vuelve a reunirse el Congreso para escuchar las últimas intervenciones de delegados internacionales:

  ➢ CARLSON: Secretario Internacional del Partido Socialista de Suecia.
  ➢ Carlos ALTAMIRANO: Secretario general del Partido Socialista de Chile a quien el Congreso acoge puesto en pie y con larga ovación.

  En nombre de la Mesa, contesta al compañero Altamirano el compañero Andrés[103]. El Congreso escucha en pie esta contestación y, al finalizar, el puño alzado, entona la Internacional en emocionante gesto de fraternidad con el Pueblo Chileno.

- Por último la Comisión de escrutinio compuesta por delegados de París, Madrid, Toulouse y Zurich[104] (28) da los siguientes resultados:

Elección de la Comisión Ejecutiva

1. Primer Secretario	Isidoro	3.252 votos
2. S. de Organización	Juan	3.100 votos
3. S. de Coordinación	Goizalde	2.779 votos
4. S. Prensa e Información	Andrés	2.976 votos
5. S. Propaganda	Ernesto	2.650 votos
6. S. Relaciones Internacionales	Hervás	2.562 votos

---

[103]   En los anexos al Acta se reproduce el discurso de Altamirano y la contestación de Alfonso Guerra.

[104]   En el apartado 11 se reproduce el acta de escrutinio de la votación.

7. S. Formación y Documentación	Paco	2.382 votos
8. S. Administración	Celso	3.243 votos
9. S. Sindical	Otilio	3.233 votos
10. S. Juventudes	Chiqui	2.648 votos
11. S. Emigración	Juan Iglesias	2.978 votos

Comisión Nacional de Conflictos

1. Julio Fernández	1.862 votos
2. José Castro	1.651 votos
3. Pedro Julián	1.615 votos
4. Santiago Cuevas	1.596 votos[105]

El compañero José Martínez Cobo, Presidente del Congreso, clausuró las sesiones deseando a la nueva Comisión Ejecutiva acierto en su trabajo y al Partido en general nuevos y numerosos éxitos.

Como Secretario de actas, ratifico la exactitud de la presenta acta.

Vº Bº El Presidente   Fdo. Manuel Garnacho

Fuentes: Archivo Exilio PSOE (AE 707-4/FPI) y Archivo Carmen García Bloise (ACGB 1014 y 1015/FPI)

---

[105] Julio Fernández Lucio; José Castro Mayobre; Pedro Julián Ampudia; Santiago Cuevas Santamaría. En esta relación falta José María Macua Morón que obtuvo 1.596 votos y los votos que logró Santiago Cuevas fueron 1.281.

10. Anexos al acta del XIII Congreso

Resumen del informe de la Comisión Ejecutiva sobre la situación española y la política del Partido presentado por Felipe González Márquez

Tercera Sesión   Viernes 11 octubre 1974

Por tratarse de un informe oral de larga duración, la transcripción escrita ha sido, necesariamente, sintetizada por razones de espacio[106].

Cuando en la Declaración Política que la C.E. hizo pública en septiembre se hablaba de que el Régimen está llegando a su fin, tratamos de marcar la diferencia entre lo que es una crisis de gobierno y lo que representa la crisis política de todo un Régimen, que arranca de la crisis económica de los últimos años, pero cuyo punto de partida político es la muerte de Carrero Blanco, símbolo del continuismo, piedra sobre la que iba a montarse todo el futuro posfranquismo. La ejecución de Carrero, diferida treinta años, supuso la dinamización de una serie de fuerzas sociales y políticas que conducirían a la inestabilidad actual del Régimen.

A la crisis económica y política se añaden unos factores internos del Régimen, externos a él e internacionales. Desde el punto de vista interno se ha producido un lento despegue de la burguesía que los socialistas debemos encarar en sus términos precisos, sin triunfalismos ni falsas esperanzas. Un sector de la burguesía es consciente de que la Dictadura que durante tantos años le ha servido de instrumento para perpetuar sus privilegios,

---

[106] No solo sintetizada. Resulta evidente que el texto aquí reproducido es "un resumen" corregido para su publicación en *El Socialista* y no de una transcripción de la intervención. En el libro *Felipe González. Socialismo es Libertad*, pp. 93 a 96 sí se reproducen extractos textuales de esta intervención de Felipe González en el Congreso.

ya no le sirve, y está dispuesta a sacrificarla a cambio de conservar lo esencial.

El despegue de las instituciones y la liberalización de Portugal

La iglesia, profundamente ligada a la aventura franquista desde la guerra civil, está tomando posiciones frente al Régimen, provocando la caída de una de las columnas sobre las que se ha apoyado todo el tinglado ideológico-moralista de la Dictadura.

Observamos también en el Ejército un despegue evidente del Régimen (lo prueba la propia destitución de Díez Alegría), que no supone una voluntad de democracia en ese cuerpo tan cerrado y tan unido a los intereses de la dictadura, pero sí de una voluntad de cambio, de evolución y de despegue de las fidelidades personales y las adhesiones incondicionales.

La propia enfermedad de Franco ha contribuido a la descomposición del Régimen; ya que al estar basado en la persona del dictador, al entrar este en estado de decrepitud, de incapacidad, arrastra con él el sistema que creó.

Entre los factores externos al propio Régimen que han jugado y juegan un papel clave en el desmoronamiento del régimen, cabe el honor a la clase trabajadora de haber protagonizado, desde primera hora, la lucha contra la dictadura. A ella se fueron sumando sucesivamente otros sectores populares, sectores profesionales e intelectuales.

El aislamiento internacional era ya importante, pero la caída del fascismo griego y sobre todo del portugués, cuyo régimen salazarista había sido el más unido a Franco hasta última hora, han llevado al régimen a un aislamiento como nunca se había conocido en la historia de nuestro país.

Posiciones ultras y aperturistas. Las formulaciones mágicas

Desde dentro del Régimen se es bien consciente de esta realidad y hay varias visiones de cuál debe ser el camino de la supervivencia. Existe, por una parte, una fuerza ultrarreaccionaria que trata de volver a la situación de posguerra inmediata. Tiene poco respaldo entre la oligarquía y el Ejército, es una solución desesperada y sin salida, pero a la que no hay que despreciar como último recurso de un Régimen agonizante.

Otra posición de supervivencia es la que está ensayando el equipo Arias, que acuciado por cantidad enorme de problemas de todo tipo, trata de sacar al Régimen del atolladero con un proyecto "evolucionista", que después se llama "transformista" que quiere, en definitiva, evitar que el pueblo recobre su total soberanía creando una apariencia de democratización. Este proyecto tiene una gran raigambre en las familias del Régimen, que sigue encuadrando a grandes sectores de la burguesía y del Ejército.

La crisis política del Régimen ha puesto a su vez en crisis todos los planteamientos anteriores de gran parte de la oposición tradicional, desatando todos los oportunismos, haciendo que afloren multitud de operaciones, de formulaciones mágicas de caída de la dictadura, que no tienden a luchar por lo caído de la dictadura, sino a ofrecerse simple y llanamente como alternativa de poder. Todo el mundo conoce que la Junta Democrática fue un intento, según formularon sus propios protagonistas, de ofrecer una alternativa al régimen franquista. Pero el PSOE, aun siendo invitado, consideró que no reunía los requisitos necesarios para expresar una línea de conducta que tienda a romper la dictadura y establecer las libertades democráticas, o si no simplemente a ofrecer una alternativa de poder sin posibilitar los caminos para conseguir esa alternativa. Qué duda cabe que no despreciamos a ningún movimiento que trate de aglutinar a la oposición en su lucha contra la dictadura.

El Partido fiel a los intereses de la clase trabajadora

Pero el Partido, con una dimensión histórica y una responsabilidad histórica, tiene que medir sus pasos porque su tradición de fidelidad a los compromisos y de respeto a los intereses de la clase trabajadora, le obligan, hoy como siempre.

Además de las razones anteriores, el Partido se negó a todo tipo de compromiso que tuviera como árbitro a D. Juan de Borbón, por su negra biografía y sobre todo porque ello significaba prefigurar la futura institucionalidad del Régimen. El Partido se negó a participar en nada que hipotecara en el futuro la libertad de expresión y desarrollo de la clase trabajadora.

La formulación del pacto, aparecida con posteridad, demuestra que la alianza interclasista se hace desde una posición de derechas, burguesa. La burguesía, llegada a última hora y por razones coyunturales a la oposición, es la que define las líneas maestras del pacto. La declaración de nuestro Partido, en cambio, parte de un hecho incontestable: nuestra guerra civil fue, no el enfrentamiento de medio pueblo contra el otro medio pueblo español, sino el enfrentamiento de la clase burguesa contra la clase trabajadora. Es esta, y las organizaciones que la representan, que han protagonizado la lucha contra la dictadura durante 30 años, la que debe protagonizar la alianza. En la J.D. se han invertido los términos dando la oportunidad a la burguesía de imponer sus condiciones.

El Partido sabe que hoy no es capaz, ni unido con las demás organizaciones de clase, de cambiar las estructuras fascistas, por lo que tiene la necesidad histórica de llegar a una alianza con otros sectores de otras clases sociales, pero no puede renunciar a un planteamiento de clase en la elaboración del acuerdo que tienda a la recuperación de la soberanía popular. Por consiguiente, nos separa en profundas diferencias, hoy por hoy, de la Declaración de esa Junta.

Para los socialistas tiene valor fundamental exigir la libertad de los presos políticos, de los represaliados sindicales y que no se pueda hablar de amnistía porque connota el perdón a una culpa que nosotros no reconocemos. Por otra parte, cuando se habla de la necesidad de superar la guerra civil, nosotros no podemos jamás olvidar las responsabilidades de los que durante tantos años han mantenido oprimido al pueblo. No queremos revanchismo sino la aplicación estricta de la justicia como garantía de la conquista de la democracia. No podemos hablar de perdón para los torturadores y para los torturados, como si estos fuesen delincuentes.

Dentro de la oposición han existido y existen otros intentos de coordinación, uno de los más conocidos es la Conferencia Democrática en la que se nos ha tratado de involucrar sin ningún fundamento. Esta C.D. trata de excluir lo que para nosotros es inaceptable, a determinados Partidos de izquierda que han estado junto a nosotros, en la lucha diaria contra el franquismo.

La ruptura democrática única salida para España

La dinámica política de los últimos meses ha puesto en crisis, en su sentido marxista, a la propia oposición, porque es una crisis de revisión de posiciones; ha puesto en crisis a los sectores que integran al Régimen. No se puede perder de vista en nuestro país que el Ejército es un factor determinante de cambio y tenemos que ser observadores muy atentos de la evolución que se muestra en la oficialidad, de su decisión de no permitir que el Régimen vuelva atrás, propiciando el transformismo. Pero es necesario hacerles ver, como a otros sectores que creen en el evolucionismo, que las instituciones del Régimen son instituciones cerradas, como nacidas de una ideología fascista, y que o son lo que son o dejan de existir de manera total. No hay ninguna transición, por ejemplo, entre un sindicalismo amordazado que encuadra a trabajadores y empresarios, sometidos a las directrices del Estado, y un sindicalismo libre, de clase, autónomo e independiente de la patronal y del Estado. Que no existe transición, que es necesaria la ruptura para que exista la convivencia pacífica en el seno del pueblo español.

Tenemos que instigar las contradicciones de la evolución del propio Régimen para llevar a todos a la necesidad absoluta de la ruptura democrática, y tenemos que hacerlo desde una posición netamente socialista, de representación de los intereses de la clase trabajadora y nunca desde una posición ambigua.

En este sentido van todas las recuperaciones de hecho de las libertades, de la que es protagonista la clase trabajadora: asambleas de fábrica, huelgas, manifestaciones, etc. Y hablamos de clase trabajadora en su sentido amplio, marxista, que abarca a todo el que es explotado por el sistema capitalista, de los que son buen ejemplo los nuevos médicos, enseñantes, técnicos, etc.

Redoblar los esfuerzos en la lucha por el socialismo

El Partido es consciente del momento histórico y del papel de vanguardia que le corresponde, de ahí que la C.E. haya redoblado sus esfuerzos, llevando a la base pronunciamientos claros y soluciones nítidas de alternativas democráticas y socialistas. Ha lanzado a todo el Partido, como un solo hombre, a la conquista de las libertades democráticas.

El Partido se ha visto requerido por numerosos sectores, personas y organizaciones para que represente el papel histórico que le corresponde, porque nos encontramos en una coyuntura histórica tal vez irrepetible y el Partido tiene una responsabilidad que no abarca solo a la clase trabajadora sino a todo el pueblo español. Toda construcción de una alternativa democrática trata de contar con el PSOE, no solo por su fuerza actual sino por su fuerza potencial.

Es fundamental, por tanto, que el Partido continúe la tarea de agrupamiento de toda la expresión socialista de nuestro país, de nuestras nacionalidades ibéricas. Entendimiento que respetando las diversidades nacionales y regionales pase por el hecho común de la lucha de clase, que a todos nos afecta. En este camino se han desarrollado las dos sesiones de la Conferencia Socialista Ibérica, que está en el camino de esa intención de reagrupamiento iniciado por el PSOE que no se cerrará hasta lograr encuadrar a todos los socialistas dispersos. El Partido tiene que ser capaz de aglutinar toda esa expresión socialista, porque la alternativa democrática para que sea una alternativa que permita la lucha por el socialismo tiene que estar protagonizada por un fuerte movimiento socialista y, sin caer en triunfalismos, todas las formaciones socialistas de nuestro país nos conceden el privilegio de ser los protagonistas de esa alternativa.

Es preciso dirigir los acontecimientos políticos

Es preciso que el Partido adapte sus estructuras orgánicas al futuro político inmediato. Necesita agilizarse para ponerse delante de los acontecimientos políticos y no limitarse a hacer una táctica de respuesta, tiene que ser un Partido que dirija esos acontecimientos, que dinamice los hechos. Es necesario para ello tener más disciplina que nunca, más unidad que nunca, seguir las orientaciones de la dirección del Partido que democráticamente sea elegida en este Congreso y tener conciencia a todos los niveles de la necesidad del esfuerzo de todos, diario, en la fábrica o en la Universidad, en la mina o en el Hospital, en el campo o en la escuela.

El Régimen no caerá en virtud de un pacto de la altura de la oposición, caerá por el incremento de las contradicciones que en su propio seno tiene, caerá por la fuerza y la presión de los movimientos populares, por la fuerza y la presión de los movimientos huelguísticos, en los movimientos de barrio, en los movimientos de ciudad. Solo como complemento a estas luchas, como culminación de las mismas se llegará a, y allí estará el PSOE, la formulación de unas alianzas claras, con un contenido fundamentalmente de clase, que no inviertan los términos de la lucha imponiendo los intereses de la burguesía.

El Congreso tiene una gran tarea por delante al marcar las directrices fundamentales del futuro inmediato del Partido y tiene que llamar a todos a la lucha por la conquista de las libertades como plataforma necesaria para la conquista del socialismo.

Discurso de François Mitterrand

Quinta Sesión   Sábado 12 octubre 1974

Queridos compañeros, os traigo aquí a Suresnes, a este Municipio de dirección socialista, los saludos del PSF, que en otro barrio de la región parisina tiene hoy reuniones importantes (las "Assises pour le socialismo"). Deseo que los compañeros socialistas españoles, que luchan con todos los medios a su alcance, sepan que los socialistas franceses estamos atentos a su trabajo. Que admiramos la tenacidad del pueblo español, representado por sus trabajadores. Nos imaginamos lo que ha sido, lo que es todavía, la situación de militantes expuestos a todos los riesgos.

Un Partido en buena salud

Hace tiempo que los socialistas franceses y españoles tienen entre ellos relaciones privilegiadas, incluso en los momentos tristes, incluso cuando las acciones fueron demasiado lentas y la solidaridad demasiado frágil. Pero ahora deben estrecharse ante el rejuvenecimiento del socialismo español, la recuperación de su capacidad de convocatoria de los trabajadores y, por qué no, de su capacidad de gobernar mañana en España.

Hagamos un balance de sacrificios y esperanzas. Sabemos que detrás de vosotros durante más de un tercio de siglo los militantes han envejecido, otros han desaparecido y no han visto alba. Y había que mantenerse firmes. Pensemos en ellos. Tuvieron una tarea difícil.

He podido comprobar, por los que estáis aquí, por el Partido mismo, por el clima que he captado en esta sala, que se trata de un Partido en buena salud. Que habéis sabido dominar las dificultades inherentes a la fundación de una formación a la vez nueva y a la vez representando los frutos de las más ricas tradiciones.

El hombre que os habla, a la cabeza del PSF, conoce bien ese género de cosas y conoce las dificultades para realizar la síntesis entre las diferentes formas de acción y las diferentes generaciones de militantes. A nosotros nos parece que sois un partido en buena salud, lleno de ardor y sabiendo prepararse para responsabilidades que todo demuestra están próximas, y cuando decimos próximas no hablamos de un mes o de semanas, sino en pocos años, tal vez dos, tres o cuatro años. Lo importante es saber que esta generación no pasará sin afrontar las responsabilidades de poder.

La lucha de clases sigue siendo el motor de la historia

Las experiencias fallidas o semi logradas de la historia nos muestran el camino, sin perder de vista la voluntad de reunir dos elementos de lucha, cuales son la toma de los instrumentos del poder y de seguir siendo fieles a la voluntad de los trabajadores. A pesar de todas las apariencias, que la crisis económica del mundo occidental se ha encargado de hacer desaparecer, la lucha de clases sigue siendo una realidad. Frente de clases contra frente de clases. En el interior de esas, las cosas se agitan, pero el combate sigue siendo tal como lo hemos conocido desde el primer análisis de la sociedad industrial hace más de ciento cincuenta años.

No olvidemos este, estamos en un campo que según las circunstancias ve sus filas crecer o disminuir en el plano político, pero en el plano social este campo ve crecer sus efectivos continua e inevitablemente. El capitalismo, yendo cada vez más a la superacumulación, la superconcentración, deja en el camino toda una serie de grupos socioprofesionales que aunque no sean de origen estrictamente proletario están condenados por el nivel de vida, por las condiciones de su existencia, por los nuevos modos de explotación. Vienen a engrosar las filas de los que representan el alma de la revolución, es decir la clase obrera.

Las relaciones entre los partidos socialistas y la necesaria internacionalización

¿De qué manera podríamos aprovechar este tipo de contactos entre Partidos? Muy a menudo digo a mis amigos de la dirección del PSF: no hacemos bastante para apoyar el combate de los socialistas de Europa que soportan dictaduras, es decir, lugares donde las tradiciones democráticas y las formas de expresión están prohibidas.

No hacemos bastante. Los militantes socialistas, que son ahora numerosos en Francia, deben comprender que es indispensable reasumir los temas y los métodos de internacionalización de la lucha. Más que nunca hay que volver a las fuentes, después de tantos años y tantos acontecimientos en que cada uno se ha tenido que encerrar en su célula natural. Dos guerras mundiales para nosotros franceses y para vosotros una prolongada dictadura nacida de la guerra civil y de la voluntad feroz de abatir el socialismo y la República en un mar de sangre. Esta larga época ha hecho que cada uno resolviera sus problemas como podía, pero he aquí que todo va a volver a empezar, debemos volver a tomar la línea de los clásicos, cuando fundaron las Internacionales, cuando no se podía concebir la lucha de un trabajador sin que tuviera resonancia fuera de las fronteras, en realidad no había fronteras para el obrero.

Es preciso emprender de nuevo, con tenacidad, todo lo que permita ensanchar el frente internacional de lucha y en este sentido formamos a nuestros militantes para que os conozcan, para que organicen encuentros con vosotros, y puesto que nuestra posición es, por el momento, más favorable que la vuestra, a ayudaros, a contribuir al éxito de vuestra acción. Esto comporta muchos aspectos: el económico, siempre difícil, pero posible, en el terreno de la organización, en el de la formación, en el técnico en los encuentros públicos, por cierto hay que organizar deberes públicos en 1975 en varios sitios de Europa, incluido Francia, donde se encuentren los dirigentes del socialismo español, portugués, francés e italiano, no para realizar una, diríamos, unión latina, sino simplemente porque estamos a punto de vivir experiencias singulares y que es en Europa donde acaba de nacer esta nueva estrategia de unión de la izquierda que pretende que los socialistas, rehusando interesarse en la socialdemocracia que frecuentemente cae del lado de sociedad que le rodea, trabajen por la unión total de los trabajadores, manteniendo la necesaria armonía y equilibrio.

Hacia el socialismo

He aquí lo que ha sido nuestra meta, vosotros lo habéis vivido tanto como nosotros, más que nosotros. La militancia es para vosotros no solo la lucha en la fábrica, sino también la movilización permanente de un Partido de estado de guerra. Los riesgos que corren los que han pasado las montañas para venir a París, la dura vida cotidiana de los que luchan en Francia o en países extranjeros a España, que deben soportar el alejamiento, la tristeza de una patria lejana, el sentimiento de no vivenciar tanto como desearía la evolución interna de un país, como España, en continuo movimiento. Dice un refrán francés: a cada cual su parte y a cada cual su pena.

Buena suerte, pues, a vuestro Congreso. Buena suerte al PSOE. Buena suerte a los militantes. Buena suerte a España. Buena suerte al socialismo universal.

Estoy aquí para deciros eso y para deciros que el PSF es vuestro compañero en los buenos y en los malos momentos. Estamos en el umbral de los buenos momentos, pero no llegaremos nunca al término de nuestra acción. En cuanto hayamos franqueado la etapa próxima: el gobierno de las cosas, el gobierno de los hombres, apenas hayamos vuelto a encontrar la capacidad de ejercer nuestra vida democrática y sin duda de instaurar las primeras estructuras socialistas, solo habremos empezado y es entonces, cuando tomarán todo su valor las virtudes acumuladas por los hombres y mujeres que han sabido a través de los tiempos conservar la paciencia, conservar el valor y conservar la fidelidad. Estas tres palabras simbolizan bien el combate de los socialistas españoles, que he venido aquí a saludar.

Respuesta del presidente del Congreso a F. Mitterrand[107]

En nombre del XIII Congreso del PSOE voy a responder al compañero Mitterrand. En primer lugar debo agradecer la presen-

---

[107] La respuesta fue de Alfonso Guerra, vicepresidente del Congreso.

cia de F. Mitterrand, presidente del pueblo francés, si no del Estado francés.

El socialismo francés está comprometido en una renovación de su estructura y de sus planteamientos, semejante al proceso de transformación del socialismo español. Los socialistas españoles, y en general todo el pueblo de España, ha seguido con vivo interés las últimas elecciones presidenciales y, podemos decir, que todos los trabajadores españoles, todos socialistas españoles, han recibido con entusiasmo el triunfo del compañero Mitterrand.

La lucha del socialismo es una lucha internacional. La lucha de los socialistas españoles es también la lucha de los socialistas franceses, de los socialistas europeos. Luchar contra la sociedad capitalista es el objetivo inmediato del socialismo. La transformación radical de las estructuras capitalistas es el objetivo final hasta conseguir la eliminación de la explotación del hombre por el hombre y la realización de la sociedad socialista.

En el momento histórico que vivimos, los socialistas, cercados por los bloques imperialistas mundiales, tienen un papel histórico a desempeñar. Con independencia, pero con un compromiso social y político, los socialistas viven hoy una encrucijada histórica que obliga a redoblar la lucha por una sociedad más justa. La libertad y la autogestión de la sociedad, de la producción, son los elementos fundamentales de nuestra acción. En esta lucha, el compañero Mitterrand nos ha alentado hoy con sus palabras, pero muy especialmente con su larga lucha por un gran movimiento socialista francés, del cual es ejemplo exponencial la celebración en el día de hoy de "les assies du socialismo".

Si el compañero Mitterrand nos desea unas conclusiones fructíferas en nuestro Congreso, nosotros le contestamos deseando un gran éxito en su campaña por, un vasto movimiento socialista francés.

Por el Socialismo

Propuesta contra la guerra en Oriente Medio

Séptima Sesión   Sábado 12 octubre 1974

"*Considerando* que la es la continuación de la lucha de clases en forma bélica.

Considerando que ante el hecho de la guerra, los socialistas no pueden manifestarse a favor de un bando u otro.

Considerando que el culpable de una guerra no es el que ataca primero, sino la clase que la determina.

Considerando que los socialistas lo primero que han de preguntarse es de que política de clases en continuación una guerra.

Considerando que la guerra imperialista tiene como fin el reparto y explotación de los pueblos débiles por el imperialismo.

Los abajo firmantes concluimos:

1.º Que la actual guerra en Oriente Medio es la consecuencia de los intereses de rapiña imperialista.

2.º Que esta guerra lo que se persigue es el dominio por el imperialismo yanqui, el uso y disfrute de la materia prima llamada petróleo, aunque se trate de disfrazar como una guerra racista entre árabes y judíos.

3.º Que en esta guerra los pueblos árabes y judios luchan y mueren en combate en beneficio de la burguesía imperialista y jeques y oligarcas petroleros.

4.º Que mientras continue el imperialismo mundial y los vampiros petroleros del pueblo árabe no podrá existir ninguna solución justa.

5.º Que la paz, la verdadera paz, solo llegará cuando el proletariado derrote al imperialismo y a toda laya de explotadores, y los pueblos tanto judío y árabe se fundan en un abrazo fraternal socialista.

Concluyendo que la ponencia aprobada va en contra de nuestro sentir socialista y que los socialistas no delimitan fronteras, sino que se hermanan en la lucha contra los explotadores de todos los explotados sean del país que sea y pertenezcan a la raza que sea.

Pidiendo, que la ponencia aprobada sobre el conflicto árabe israelí sea suprimida y pidiendo que conste en cata la protesta de las Federaciones abajo firmantes:

Álava, Huelva, Madrid, Valencia, Granada, Utrech, Sevilla,Córdoba, Galicia, Gütersloh, Ahlen, Londres y Cádiz

Discurso de Carlos Altamirano

Novena Sesión   Domingo 13 octubre 1974

Compañeros, delegados y dirigentes del PSOE: debemos en primer lugar agradecer emocionadamente vuestro recibimiento entusiasta, caluroso y fervoroso, que lo interpretamos como vuestra solidaridad internacionalista y proletaria para con el pueblo de Chile, para con la resistencia chilena, para los combatientes de nuestra patria.

Hace ya largos treinta y cinco años que la guerra civil española preside en gran medida y domina en toda la fuerza revolucionaria de la izquierda internacional. Todos, de una manera u otra nos hemos nutrido y hemos aprendido de vuestra práctica y dolorosa experiencia que hoy es también la nuestra. Nuestro Partido, el socialista chileno, nace a la vida política hace ya cuarenta y un años, y experimenta cambios y modificaciones en el transcurso de la lucha social y política. Nos definimos como un partido marxista, como partido autónomo e independiente profundamente enraizado en los valores nacionales, con una vocación latinoamericanista. Nada que haya ocurrido en América Latina ha sido ajeno al acontecer de nuestro partido. Estamos y hemos estado íntimamente ligados a los movimientos populistas, a los movimientos nacionalistas de izquierdas, a los movimientos revolucionarios y a los movimientos marxistas. Al peronismo en Argentina, al Ejército Revolucionario del Pueblo también en

Argentina, a los Tupamaros de Uruguay, al Partido Comunista de Cuba y a todas las fuerzas que luchan por la independencia de nuestro Continente. Tres grandes figuras escriben sus nombres en la lucha por la liberación definitiva de nuestras patrias: Allende, Che Guevara y Camilo Torres. Tres caminos distintos pero un solo destino. Allende, al frente de la Unidad Popular, por una vía singular, única en el movimiento obrero internacional, aspira a construir el socialismo a través de formas democrático-pluralistas y respetando el Estado de Derecho y la institucionalidad democrático-burguesa vigente en nuestra patria por más de siglo y medio de historia. Y Allende escribe la página más brillante de nuestra historia en este siglo al morir en la Moneda, él, el pacifista, él, el demócrata, él, el libertario y el socialista, asesinado por quienes decían defender la libertad y la democracia en América y por quienes pregonan los valores del mundo libre.

Che Guevara, líder de una lucha armada guerrillera también cae asesinado, pero también, junto a Allende busca construir el socialismo, busca construir una patria nueva, una sociedad distinta. Y por último Camilo Torres, el sacerdote católico, comprometido en las grandes luchas independentistas de nuestro pueblo, del lado de los humildes y de los pobres, lo que normalmente no ocurría en la Iglesia Católica latinoamericana que generalmente santificaba con la cruz los crímenes y los asesinatos de los tiranos.

En Chile se ha asesinado ciento sesenta años de democracia burguesa. Se ha fusilado la libertad. Se han asesinado más de cuarenta mil patriotas. Existen en las cárceles más de diez mil chilenos y más de ciento cincuenta mil han tenido que abandonar nuestra patria. El territorio nacional está plagado de campos de concentración y las torturas más inenarrables y más inauditas se ejercen sobre los patriotas revolucionarios: socialistas, comunistas, cristianos chilenos. Han asesinado a Salvador Allende, al General Prats, general constitucionalista, a Miguel Enríquez, líder del movimiento de izquierda revolucionaria. Pero con

Allende no ha muerto la vocación democrática y socialista de nuestra patria, ni con el general Prats se ha terminado la voluntad constitucional patriótica chilena y profundamente enraizada en nuestro pueblo de las fuerzas armadas, ni con Miguel Enríquez se ha logrado matar el espíritu combativo de la resistencia chilena. Murieron Allende, Prats y Enríquez pero hoy más que nunca Allende, Prats y Enríquez viven en los corazones de los pueblos oprimidos del Tercer Mundo, en los movimientos de la liberación.

No nos derrotaron nuestros errores, que los cometidos, errores de izquierda y errores de derecha, desviaciones izquierdistas y oportunismos de derechas, pero fundamentalmente el drama de nuestra patria crucificada en la cruz del fascismo, es el poder de las fuerzas que se levantaron en contra nuestra: la gran burguesía monopolista, el latifundio y el imperialismo norteamericano. Lamentablemente la correlación de fuerzas internacionales no llevo a la comunidad socialista a apoyar económica, política y militarmente a las fuerzas socialistas, democráticas y revolucionarias chilenas. De manera que tenemos que enfrentarnos solos en el inmenso continente latinoamericano al gigantesco poder de los monopolios transcontinentales, la CIA, la ITT, Nixon y Ford se alzan contra nuestro pequeño pueblo. Ford, aprobando hace pocos días las declaraciones del jefe de la CIA, reclamaba el derecho a asistir a sus amigos, a los amigos de la opresión latinoamericana, los amigos de Ford son las grandes empresas transnacionales en América y en el mundo. Los amigos de Ford son lamentablemente los fascistas que oprimen a los negros en Sudáfrica, los amigos de Ford son los títeres que dominan en Sud Vietnam y en Corea del Sur. Los amigos de Ford son los fascistas chilenos que han aplastado, oprimido, asesinado y fusilado la democracia más antigua de América en Chile.

Sin embargo, tenemos la convicción profunda que América Latina, gran continente desecho en veinte repúblicas, algún día levantará su voz independiente, autónoma, socialista y democrática, para entrar en el ancho camino del progreso y de la justicia social.

Hoy Vds., compañeros, amigos, hermanos españoles, saben mejor que nadie que nuestras riquezas gigantescas latinoamericanas son de los americanos, que el petróleo del suelo es de los americanos, que el cobre de Chile ahora ha vuelto a ser de los americanos, que el estaño de Bolivia es de los americanos, que los plátanos de Centroamérica son de los americanos, que el café de Colombia es de los americanos, los americanos son dueños de miles de kilómetros cuadrados en un continente inmensamente rico. Pero esta riqueza pertenece al imperialismo norteamericano que oprime a Puerto Rico y a los pueblos de América Central. Por eso nuestra lucha está presidida por el signo del imperialismo y en contra del imperialismo.

El triunfo del 4 de septiembre de 1970 con Salvador Allende, fue el triunfo de una unidad, de la unidad de los socialistas con comunistas, de la unidad de socialistas y comunistas con las masas cristianas revolucionarias que en Chile existen en un número importante, con el Partido Radical, Partido integrante de la socialdemocracia, y así logramos constituir el movimiento revolucionario más importante, poderoso y vasto de América Latina, con masas marxistas, masas cristianas, masas socialdemócratas que tras un programa común lucharon contra el imperialismo, contra los grandes monopolios, contra el latifundio y por construir el socialismo a través de una vía democrática, pluralista y en conformidad con la vieja tradición de nuestra patria, donde el Ejército había sido tradicionalmente obediente al poder civil. Lamentablemente en nuestra mentalidad revolucionaria pesó más esta tradición libertaria y democrática, que en la propia burguesía que cuando se ve privada de sus privilegios acude a las armas y al terrorismo político más brutal para derribar al gobierno legítimo, constitucional y popular nacional de Salvador Allende.

Nuestra derrota, como hemos expresado, no se debe solo a nuestros errores sino al gigantesco poder del enemigo. Pero una América unida, las fuerzas revolucionarias unidas, las fuerzas progresistas de izquierda unidas en América, lograrán la victoria. La lucha cada vez más es una sola en el mundo. Cada hombre que ha muerto en el Vietnam ha muerto por la libertad hermana y por el triunfo del socialismo en España; cada hombre que entregó su vida, su sacrificio, su sangre, su esfuerzo a la lucha de España, está luchando por nosotros en América Latina y por la descolonización del continente africano y por la liberación de los pueblos de Asia, y por la construcción de un socialismo europeo. Por esto, nos consideramos hermanos no solo por una gran afinidad política con ustedes, sino hermanos en la lucha por la libertad: por el humanismo, por la democracia, por el socialismo, por la autonomía y la independencia de nuestros pueblos. Nuestra lucha es la lucha del Vietnam, nuestra lucha es la lucha del pueblo palestino, nuestra lucha es la lucha del pueblo colonizado de África, nuestra lucha es la lucha del pueblo, de las vanguardias políticas de España y de Portugal.

Compañeros, concluimos nuestras palabras entregando una vez más nuestro emocionado agradecimiento por la solidaridad de quienes iniciaron la guerra mundial en contra del fascismo, de los primeros grandes combatientes contra el fascismo, porque la lucha contra el fascismo comienza en España y hoy sigue en Chile, y somos combatientes de la misma causa, somos héroes de la misma causa, y mañana seremos vencedores de la misma causa.

Aplausos. Y gritos "¡Chile, Chile, Solidaridad!"

Contestación del Presidente del Congreso[108]

En nombre del XIII Congreso del PSOE, respondo al compañero Altamirano [que] es hoy para nosotros el representante del pueblo chileno. Y al dirigirnos a él lo hacemos a todo el pueblo chileno, a todo el oprimido pueblo chileno.

---

[108] La respuesta fue de Alfonso Guerra, vicepresidente del Congreso.

La solidaridad mundial con el pueblo chileno, es algo tan evidente que no necesita ser repetida. En el mundo entero, todos los hombres libres, todos los hombres y mujeres con conciencia democrática, han expresado insistentemente la solidaridad con este pueblo asesinado, torturado, machacado por el imperialismo yanqui, los generales de la corte Pinochet y la colaboración de las fuerzas más reaccionarias del mundo entero. Sin embargo, a los españoles, a los socialistas españoles, la solidaridad con el pueblo chileno se reviste de una categoría especial. Nosotros, en septiembre de 1973 no teníamos más que un recuerdo: el recuerdo de julio de 1936. Julio del 36 y septiembre del 73 marcarán para la historia de todos los movimientos de liberación, para la historia de la emancipación de la clase proletaria, marcarán en el mundo entero dos fechas claves en las que todo el mundo ha tenido puesta su atención en dos genocidios que se cometían por dos enemigos idénticos: el enemigo yanqui, que se fundamentaba en un ejército, el ejército del General Pinochet, y el enemigo nazi y fascista, que se fundamentaba en otro ejército, el ejército del General Franco. Así para los socialistas españoles, la lucha de la Unidad Popular, el aplastamiento de esta lucha por la Junta Militar chilena, tiene una importancia aún mayor que para ninguno de los otros pueblos, no de Europa, sino del mundo entero.

Los crímenes, los miles de crímenes, que han terminado en estos días y que ojalá terminasen, pero que sabemos que mientras no se logre vencer a ese enemigo terrible, a ese monstruo que es el imperialismo yanqui en las manos, o en las botas mejor, del General Pinochet. Esos últimos crímenes del General Prats y del compañero Enríquez, dan buena prueba de la modificación que la propia Junta Chilena ha anunciado.

Los socialistas españoles estamos con el pueblo chileno, y lucharemos en la medida que podamos por derrocar a un gobierno criminal, al gobierno del General Pinochet. El Partido socialista chileno, el proletariado chileno, el campesinado chileno, todo el pueblo chileno, han marcado para todos nosotros una formulación política revolucionaria que servirá de ejemplo en la historia futura de los movimientos de liberación.

Los socialistas del mundo, todos los hombres libres del mundo, rendirán el homenaje que merece el pueblo chileno y que hoy personificamos en el compañero Altamirano.

Para terminar yo quisiera leer un párrafo de la ponencia Internacional que este mismo Congreso aprobó en la sesión de ayer, y que dice:

"El Partido Socialista Obrero Español expresa su rechazo más absoluto a la Junta Militar de Chile, que instrumentalizada por la oligarquía del país, el imperialismo norteamericano y la democracia-cristiana chilena, ahogó en un mar de sangre el proceso de liberación de ese pueblo andino. Se solidariza con su lucha, interior y exterior, por la conquista de la libertad y rinde emocionado homenaje a los compañeros Allende, Toha, Enriquez, etc., y en ellos a los miles de chilenos asesinados, torturados y detenidos por la Junta Militar."

¡Compañero Altamirano, pueblo chileno, VENCEREMOS! Aplausos. Gritos de "¡Chile, España, Socialista!" Se canta *La Internacional*.

11. Comisión de Escrutinio Elección Comisión Ejecutiva

Establecida la Comisión de Escrutinio por los compañeros Dámaso Solana, Ramón Torregrosa y León[109], de las Federaciones de París, Zúrich y Madrid respectivamente, realizado el escrutinio de los votos presentados en el plazo señalado, presentan los siguientes resultados:

Total de militantes representados en el Congreso 3.586[110]
Total de votos expresados 3.432

1) Primer Secretario

Isidoro (Felipe González)	3.259 votos
Sebastián (¿Reyna?)	17 votos
Abstenciones	156 votos[111]

2) Secretario de Organización

Juan (Nicolás Redondo)	3.100 votos
Goizalde (Enrique Múgica)	157 votos
Carmen Hernández (¿?)	7 votos
Abstenciones	168 votos

3) Secretario de Coordinación

Goizalde (Enrique Múgica)	2.779 votos
Juan (Nicolás Redondo)	225 votos
Paco Madrid (Francisco Bustelo)	50 votos

---

[109] Enrique Moral Sandoval. Dámaso Solana Prieto. Aunque su nombre no aparece en las credenciales del Congreso, debió incorporarse al mismo en algún momento posterior al dictamen de la Comisión de Credenciales.

[110] El total de militantes no coincide con el dictamen de la Comisión de Credenciales: 3.589 o 3.597 (con el añadido de la Sección de Kassel).

[111] De las abstenciones para todos los cargos de la Comisión Ejecutiva, 135 votos correspondieron a la Federación de Madrid (Testimonio Aurelio Martín Nájera).

Leyva (Luis Yáñez)	25 votos
Andrés (Alfonso Guerra)	14 votos
Ernesto (Guillermo Galeote)	10 votos
Abstenciones	329 votos

4) Secretario de Prensa e Información

Andrés (Alfonso Guerra)	2.976 votos
Hervás (Pablo Castellano)	439 votos
Abstenciones	17 votos

5) Secretario de Propaganda

Ernesto (Guillermo Galeote)	2.650 votos
Andrés (Alfonso Guerra)	380 votos
Hervás (Pablo Castellano)	108 votos
Goizalde (Enrique Múgica)	64 votos
Juan (Nicolás Redondo)	21 votos
Abstenciones	209 votos

6) Secretario de Relaciones Internacionales

Hervás (Pablo Castellano)	2.562 votos
Curro (Francisco López Real)	612 votos
Abstenciones	258 votos

7) Secretario de Formación y Documentación

Paco Madrid (Francisco Bustelo)	2.382 votos
Hervás (Pablo Castellano)	50 votos

8) Secretario Administrativo

Celso (Eduardo López Albizu)	3.243 votos
Curro (Francisco López Real)	21 votos
Abstenciones	168 votos

9) Secretario Sindical

Otilio (Agustín González)	3.233 votos
Iglesias (Juan Iglesias)	21 votos
Bernardo (Marcelo García Suárez)	10 votos
Abstenciones	168 votos

10) Secretario de Juventudes

Chiqui (José María Benegas)	2.648 votos
Alfredo (Rafael Ballesteros)	391 votos
Sebastián (¿Reyna?)	372 votos
Otilio (Agustín González)	21 votos

11) Secretario de Emigración

Juan Iglesias Garrigós	2.978 votos
Miguel Sánchez Mazas	214 votos
Paulino (¿Barrabés?)	25 votos
Chiqui (José María Benegas)	21 votos
Carmen García Bloise	19 votos
Antonio Quadranti	17 votos
Abstenciones	158 votos

Fuente: Archivo Carmen García Bloise (ACGB 1015-13/FPI)

12. Resoluciones del Congreso

A TODAS LAS FEDERACIONES, CIRCULAR Nº 1

SECCIONES Y GRUPOS DEPARTAMENTALES
NOVIEMBRE 1974

QUERIDOS COMPAÑEROS: Se ha celebrado durante los días 11, 12 y 13 de octubre 74 el XIII Congreso del Partido, en la ciudad de Suresnes (París).

El dia 10 tuvo lugar la reunión de Comité Nacional en la que se estudió la gestión de la Comisión Ejecutiva, con carácter previo a la celebración del Congreso, al que por su carácter soberano habría de rendir cuentas el Comité Nacional.

Antes de pasar a explicaros el desarrollo de las sesiones de Comité Nacional y Congreso, así como las resoluciones y acuerdos aportados, es imprescindible poner de manifiesto la tascendental importancia de este comicio, no solo por el momento histórico que vive nuestro país, sino por los acuerdos adoptados en orden a la futura actuación política del Partido y en orden a la plena responsabilización de las tareas propias de nuestra Organización por compañeros que viven en el interior.

A nadie puede ocultarse, que el traspaso de responsabilidades exterior-interior, la configuración de la Ejecutiva con Secretariados únicos cuyas obligaciones abarcan por consiguiente, a la totalidad de nuestra Organización, va a suponer un cierto reajuste de los servicios que se prestan, sobre todo en el exterior de nuestro país, lo que necesariamente ocasionará algunos trastornos en el desenvolvimiento habitual.

La Comisión Ejecutiva piensa estudiar con carácter urgente, el funcionamiento más adeduado para nuestra Oeganización, en las circunstancias históricas que vivimos. Entre tanto se mantendrán en lo posible, como hasta el presente, todos los instrumentos de comunicación y de relación de nuestro partido.

Las secciones del exterior se comunicarán con la C.E. como anteriormente:

Tesorería: F. Gutiérrez: 31, rue GL Beuret – París 15.

Correspondencia: C.E. del P.S.O.E.: 31, rue GL Beuret – París 15.

La Comisión Ejecutiva quiere llamar la atención a todos los afiliados sobre la necesidad ineludible de llegar a un fuerte reagrupamiento, carente de fisuras, para emprender el asalto definitivo hacia la conquista de la democracia. En esta tarea están comprometidos todos los socialistas, que deberán hacer un esfuerzo de potenciación de nuestro Partido, así coomo llevar a cabo hasta sus últimas consecuenicas, con el sentido de la disciplina que nace de un comportamiento democrático y de un rigor socialista.

Hay demasiadas esperanzas puestas en nuestro que hacer inmediato. Esperanzas que alcanzan no solo a aquellos hombres ligados más o menos directamente con nuestro Partido, sino a amplios sectores de nuestra clase trabajadora y de nuestro pueblo. Nuestra Organización tiene la obligación desde la base hasta sus órganos rectores, de dar respuesta adecuada a todas esas esperanzas.

Queda mucho por hacer pero la conquista de una sociedad socialista ha sido siempre una tarea dura, difícil y de una magnitud inconmensurable, el Partido Socialista Obrero Español puede ser y debe ser el protagonista de esa gran tarea.

COMITÉ NACIONAL

El Comité Nacional del P.S.O.E. compuesto, como se sabe, por los 11 miembros delegados de los de las once Federaciones del Interior que asistieron al XII Congreso, por los 7 vocales de las siete zonas del exterior, por 13 miembros de la C.E. se reunió en Suresnes el día 10 de Octubre y fue presidido por Ramón Hernández asistido del Secretario de actas R. V.

Asistieron a la reunión:

FEDERACIONES DEL INTERIOR: Asturias, Alicante, Barcelona, Sevilla, Álava, Madrid, Valencia, Valladolid, Guipúzcoa, Córdoba, y Vizcaya.

ZONAS DEL EXTERIOR: Purificación Tomás, Fabián Ramos, Manuel Martínez Cruz, Máximo Rodríguez, Benito Alonso, Ramón Hernández.

MIEMBROS DE LA C.E.: Juan, Goizalde, Celso, Hervás, Otilio, Ernesto, J. Iglesias, A. Jimeno, F. López Real, F. Gutiérrez, C. García, así como los miembros suplentes: Josefina Vidal, M. García, Márquez.

El Comité Nacional, decidió igualmente autorizar que asistieran a la reunión con derecho a voz los delegados de las Federaciones que se constituyeron después del XIII Congreso.

No asistieron: J. Barreiro, excusado, P. Barrabés, E. Iglesias, Roque y Bernardo excusados. Después de escuchar las informaciones y explicaciones suplementarias que dio la C.E. complementando todos los capítulos de la Memoria de Gestión que había presentado, y conocer la situación política actual de España, la gestión fue aprobada por mayoría de votos. Purificación Tomás fue designada para que en nombre del C.N. asistiera a las deliberaciones del XIII Congreso.

El Comité Nacional del Partido tomó el acuerdo de trasladar al XIII Congreso la siguiente propuesta:

Al igual que hemos estado con el pueblo chileno en sus momentos de triunfo democrático participando de sus alegrías y esperanzas, hoy lo estamos con más razón cuando la adversidad, prendida en la bota del pinochismo, se cierne despiadadamente sobre los luchadores de ese país. Con Chile y su Unidad Popular, uno de cuyos pilares es el Partido Socialista, estamos y estaremos siempre los socialistas españoles.

Pedimos al Congreso rinda homenaje al pueblo chileno.

XIII CONGRESO DEL PARTIDO SOCIALISTA OBRERO ESPAÑOL[112]

RESOLUCIÓN POLÍTICA

1. El P.S.O.E. cuya inspiración es la conquista del poder político y económico por la clase trabajadora y la radical transformación de la sociedad capitalista en sociedad socialista, insiste en la necesidad cada vez más urgente de implantar en España un régimen democrático como medio para conseguir aquellos objetivos.

2. El P.S.O.E. entiende que la crisis y descomposición del régimen franquista es fundamentalmente consecuencia de circunstancias económicas internas acentuadas por factores de orden internacional. Las circunstancias económicas vienen determinadas por la nueva etapa que se anuncia para el capitalismo en España y en la que el régimen fascista nacido de la guerra civil ya no constituye el mejor cuadro para la burguesía. Los factores de orden internacional son las repercusiones en España de la crisis actual del capitalismo mundial al que no se escapa ningún país de economía de mercado y que afecta especialmente a los países en subdesarrollo explotados por ese capitalismo. Esa crisis es para los socialistas una prueba más de la intensificación histórica de las contradicciones inherentes al sistema capitalista condenado ineluctablemente simplemente a desaparecer, y abre perspectivas nuevas de la lucha concertada al socialismo internacional.

3. El P.S.O.E. entiende que esa crisis y descomposición del régimen franquista se manifiesta en una desconfianza general dentro del propio sistema, en el funcionamiento y continuidad

---

[112] No se reproduce la parte de la Circular relativa a la información sobre las Secciones y las Federaciones participantes en el Congreso; los delegados internacionales presentes y otros datos sobre el Congreso por haberse reproducido ya anteriormente en otros apartados.

de sus instituciones, en una lucha por el poder dentro de la propia Dictadura, en el miedo de los sectores más comprometidos en la represión y la corrupción, en un despegue del régimen de sectores económicos, profesionales y religiosos, y el la desazón y el descontento de todo el país ante la incertidumbre política y el deterioro de la situación económica. Por otra parte, los sectores marginados del poder político, como son la clase trabajadora y la inmensa mayoría del pueblo, así como las organizaciones políticas y sindicales antifranquistas, están contribuyendo decisivamente al deterioro y liquidación del régimen político actual, a través de la lucha mantenida contra la Dictadura, lucha hoy más militante que nunca por ir tomando las masas explotadas más conciencia de su condición, sus derechos y sus responsabilidades.

4. El P.S.O.E. considera que la única salida a la presente situación consiste en la adecuada formulación de una ruptura democrática, en el restablecimiento definitivo de un sistema de libertades y en la construcción de un sistema de gobierno que emane de la voluntad soberana del pueblo.

5. El P.S.O.E. entiende que el restablecimiento de la democracia en España requiere con carácter inexcusable las medidas siguientes:

A) Libertad de todos los presos políticos y sindicales.

B) Devolución de todos sus derechos a las personas que hayan sido desposeídas por sus actividades políticas y sindicales contra la dictadura.

C) Disolución de todas las instituciones represivas.

D) Reconocimiento y protección de las libertades democráticas mediante:

a) libertad de partidos políticos
b) libertad sindical
c) libertad de reunión y expresión
d) derecho de huelga y manifestación

e) restitución del patrimonio expoliado a las organizaciones políticas y sindicales suprimidas por la dictadura

f) convocatoria de elecciones libres en plazo no superior a un año a fin de que el pueblo manifieste soberanamente su voluntad

g) reconocimiento del derecho a la autodeterminación de todas las nacionalidades ibéricas

6. A la vista de todo ello, el XIII Congreso del P.S.O.E.:

A) Estima necesario concertar acuerdos con los partidos y organizaciones antifranquistas fundamentalmente con las fuerzas de izquierda, como instrumento para restituir las libertades democráticas al pueblo español.

B) Autoriza a la C.E. para que establezca las relaciones adecuadas con los partidos y organizaciones antifranquistas que estén dispuestos a forjar dicho acuerdo hasta que se alcancen estas libertades

C) Decide que esos acuerdos solo vincularán al P.S.O.E. hasta dicho momento, a partir del cual habrá de convocarse a la mayor brevedad un Congreso extraordinario del Partido. En todo caso, el P.S.O.E. no hipotecará en ningún momento su libertad de acción en defensa de los intereses de la clase trabajadora.

D) Para el cumplimiento de lo anterior otorga a la C.E. la necesaria libertad de contactos y negociación con el único requisito de que los acuerdos a que pudiera llegarse deberán ser ratificados por el Comité Nacional. Tales acuerdos, además, se ajustarán a las directrices siguientes:

a) En las relaciones y órganos de coordinación que se decidieran no habrá en principio exclusión alguna de partidos y organizaciones antifranquistas y solamente se autoexcluirán aquellos que vetasen a otros.

b) El P.S.O.E. velará porque los acuerdos se plasmen en fábricas y centros de trabajo, en el campo, en barrios, en Universidades, en Colegios Profesionales y en auténticos comités de acción unitaria que lleven la lucha a todos los niveles oportunos.

NACIONALIDADES IBÉRICAS

Ante la configuración del Estado español, integrado por diversas nacionalidades y regiones marcadamente diferenciadas, el P.S.O.E. manifiesta que:

1) La definitiva solución del problema de las nacionalidades que integran el Estado Español, parte indefectiblemente del pleno reconocimiento del derecho de autodeterminación de las mismas, que comporta la facultad de que cada nacionalidad pueda determinar libremente las relaciones que va a mantener con los restos de los pueblos que integran el Estado español.

2) Al analizar el problema de las diversas nacionalidades, el P.S.O.E. no lo hace desde una perspectiva interclasista del conjunto de la población de cada nacionalidad sino desde una formulación de estrategia de clase, que implica que el ejercicio específico del derecho de autodeterminación para el P.S.O.E. se enmarca dentro del contexto de la lucha de clases y del proceso histórico de la clase de trabajadores de la clase trabajadora en lucha por su completa emancipación.

3) El P.S.O.E. se pronuncia por la constitución de una República Federal de las Nacionalidades que integran el Estado Español, por considerar que esta estructura estatal permite el pleno reconocimiento de las peculiaridades de cada nacionalidad y su autogobierno a la vez que salvaguarda la unidad de la clase trabajadora de los diversos pueblos que integren el Estado Federativo.

4) El P.S.O.E. reconoce igualmente la existencia de otras regiones diferenciales que por sus especiales características podrán establecer órganos e instituciones adecuadas a sus peculiaridades.

POLÍTICA INTERNACIONAL

La crítica situación que actualmente atraviesa el régimen político español, se ve agudizada, entre otros factores, por el aislamiento internacional en el que progresivamente aquel se va encontrando.

El P.S.O.E. es consciente de la importancia que la coyuntura internacional puede tener en la caída del régimen franquista y en la conquista de las libertades democráticas por el pueblo español. El P.S.O.E. en virtud del internacionalismo proletario, que debe presidir la lucha de la clase trabajadora mundial, en aras de su emancipación, hace un llamamiento a la responsabilidad de los Partidos Socialistas y Europeos en especial, a la 2ª internacional en que estos se encuadran y a los gobiernos socialistas, para la radicalización de sus planteamientos y acción solidaria con el pueblo español contra el régimen de Franco acentuando, de este modo, la más enérgica repulsa del modo frente a la supervivencia del fascismo español y contribuyendo a su desaparición.

La crisis económica internacional que está siendo soportada, fundamentalmente por la clase trabajadora; el incremento de la agresión imperialista sobre los pueblos; la acción de las multinacionales, que está privando a los pueblos del ejercicio de su soberanía y provocando el empobrecimiento paulatino de los países, especialmente los del Tercer Mundo, en beneficio de los cuales de detentadores del poder político y económico, ponen de manifiesto la necesidad urgente de establecer las bases de una estrategia obrera internacional contra estas manifestaciones del capitalismo mundial, tarea en la que los partidos y organizaciones nacionales e internacionales representativas de la clase trabajadora, han de desempeñar un papel fundamental.

La lucha unitaria de la clase trabajadora frente al capitalismo internacional redundará en beneficio de los pueblos que, actualmente, combaten por la caída de sus regímenes dictatoriales.

El P.S.O.E. declara su oposición a la integración de España en la C.E.E. mientras persista el régimen político vigente y recuerda a los gobiernos democráticos europeos que dicha integración, en vez de forzar el reconocimiento de las libertades formales en nuestro país, supondría el fortalecimiento del régimen. En consecuencia, el P.S.O.E. afirma su apoyo a la construcción de una Europa unida rechazando que esta unidad pueda fundamentarse sobre instituciones políticas y económicas al servicio del capitalismo internacional. Declara su voluntad de participar en la democratización de las instituciones europeas, liberándolas del dominio del capital y orientándolas en beneficio de los intereses legítimos de los trabajadores.

El P.S.O.E. se declara hostil a todo imperialismo, poder hegemónico y división del mundo en zonas de influencias, así como a la existencia de bloques militares, por entender que estos van encaminados al mantenimiento del *Status Quo* en perjuicio de los pueblos oprimidos del mundo.

El P.S.O.E. afirma su solidaridad con los proletarios de todos los países saludando a los movimientos de liberación del Tercer Mundo, así como a los que luchan por sacudirse el yugo neocolonialista. En este sentido, hace un llamamiento a la clase trabajadora y a la opinión pública de los países industrializados en apoyo a las reivindicaciones y derechos de la clase trabajadora de estos países.

Así mismo saluda a los pueblos Guineano, Mozambiqueño y Angolano por su ingreso –ya realizado o en vías de realización– en la comunidad de las naciones. Y se pronuncia por el cese de la política colonialista del gobierno español sobre el pueblo Saharaui, oponiéndose a cualquier solución que no responda a la autodeterminación del mismo, expresadas sin intervención mediatizadora de potencia colonial alguna. El P.S.O.E. favorecerá la emancipación de los territorios colonizados por el régimen franquista, de forma que la voluntad de sus habitantes sea respetada por todo el mundo.

El P.S.O.E. expresa su rechazo más absoluto a la Junta Militar de Chile que instrumentalizada por la oligarquía del país, el imperialismo Norte-Americano y la Democracia Cristiana chilena, ahogó en un mar de sangre el proceso de liberación de este pueblo andino. Se solidariza con su lucha, interior y exterior, por la conquista de la libertad y rinde emocionado homenaje a los compañeros Allende, Toha, Enríquez, etc..., y en ellos, a los miles de chilenos asesinados, torturados y perseguidos por la Junta Militar.

El P.S.O.E. expresa su más fervoroso aliento al pueblo portugués sintiendo como propio el triunfo de las fuerzas populares antifascistas y la recuperación de su dignidad nacional. Así mismo le felicita por la eficacia política descolonizadora llevada a cabo por su gobierno. Saluda igualmente al pueblo griego por el derrocamiento de la estructura militar que sofocaba sus más elementales libertades y confía en que sepa dar solución a las legítimas aspiraciones de la clase trabajadora griega.

El P.S.O.E. considera que el difícil equilibrio en el Oriente Medio no podrá obtenerse sin el reconocimiento del derecho del pueblo palestino a su identidad nacional con su consecuente y justa solución, y sin el derecho de existencia del pueblo israelí en el interior de fronteras seguras y reconocidas.

ORGANIZACIÓN Y ESTATUTOS

El XIII Congreso acuerda que la dirección del P.S.O.E. radique en España.

Comisión Ejecutiva

La C.E. estará compuesta por 11 miembros cuyas funciones serán las siguientes:

Primer Secretario	Secretario de Formación y Documentación
Secretario de Organización	Secretario Administrativo
Secretario de Coordinación	Secretario Sindical

Secretario de Prensa
e Información   Secretario de Juventudes
Secretario de Propaganda   Secretario Emigración
Secretario de Relaciones Internacionales

La C.E. deberá ser elegida por el Congreso en votación directa y nominal.

Comité Nacional

El C.N. está constituido por:

a) Los miembros de la Comisión Ejecutiva

b) Un vocal efectivo y un vocal suplente por cada una de las siete zonas establecidas por la C.E. en el exterior más un miembro efectivo y otro suplente por cada una de las federaciones con más de 30 afiliados y en caso de que las federaciones tengan menor número podrán unirse con otras federaciones próximas a su provincia o región para conseguir el mínimo de afiliados anteriormente establecidos.

El C.N. se reunirá cuando menos cada seis meses de manera ordinaria y en forma extraordinaria cuantas veces fuera necesario a juicio de la C.E. o de una tercera parte de los otros miembros del C.N.

El C.N. no deberá reunirse en el mes precedente a la celebración del Congreso y sí inmediatamente después de efectuada su elección.

Los miembros del C.N. darán cuenta a las secciones de sus zonas y a las federaciones que lo soliciten de las deliberaciones del Comité Nacional con las precauciones que este estime conveniente.

Será responsabilidad de la C.E. enviar con un mes de antelación a todos los miembros del C.N. el orden del día de la reunión pudiendo discutir en esta cuantas gestiones urgentes vengan o no reflejadas en el Orden del Día si así se acuerda en la reunión del C.N. con el fin de que pueda ser discutido por las federaciones y reuniones [Secciones] de su zona y que el representante del Comité Nacional interprete realmente el criterio de su Federación.

Comisión Nacional de Conflictos

Ningún miembro de la CE del Partido podrá ser elegido miembro de la Comisión Nacional de Conflictos.

Las agrupaciones o federaciones del Partido sujetas a la estructura de su organización general, y gozarán sin embargo de una amplia autonomía que abarcará desde lo organizativo hasta lo táctico, pudiendo adecuar su línea respectiva de actuación y de desenvolvimiento a las peculiaridades y conveniencias de cada demarcación.

PRENSA Y PROPAGANDA

El periódico *El Socialista* se confeccionará íntegramente en el Interior de España. La responsabilidad incumbe a la Comisión Ejecutiva.

La prensa e información de nuestra organización es el más importante vehículo para el conocimiento, difusión y extensión de nuestro ideario, y por ello el Congreso, examinando este problema mandata a la Comisión Ejecutiva para que propicie cuantas iniciativas sean necesarias a fin de que en coordinada colaboración del Secretariado Nacional y los responsables de los secretariados locales de prensa e información, se tenga por la organización a todos sus niveles, una inmediata información sobre todos los importantes hechos políticos y sociales que se produzcan, y se alcance una coherente actitud de respuesta frente a ellos en nuestros medios de comunicación. Y para ello, entre otros medios posibles, se recomienda a la Comisión Ejecutiva procure establecer una agenda de información.

La ponencia propone cambiar el nombre actual de esta secretaría de "Prensa y Propaganda" por el de "Prensa e Información".

ADMINISTRATIVA

Reunidos los ponentes componentes de la ponencia administrativa con el objeto de examinar la actual situación económica de nuestro Partido; observan que, a pesar de una escrupulosa administración dirigida por los dos tesoreros (interior y exterior) paréntesis y el desinteresado comportamiento de los cargos retribuidos existentes reducidos al mínimo, nuestra Organización resulta deficitaria como se comprueba por los estadillos de cuentas existentes en poder de todos los delegados: por consiguiente consideramos que sin perjuicio de que los miembros ejecutivos puedan recurrir a encontrar fondos en otros medios diferentes a las cuotas obligatorias; estas deben ser aumentadas de 1 franco y de 50 céntimos las medias cuotas a partir del 1º de enero de 1975.

Como la actual situación inflacionista nos hace comprender que la aumentación no es suficiente, proponemos que quede facultada la Ejecutiva aumentar la cuota del 10% a partir del 1º de julio de 1975 y si las circunstancias lo exigen, idéntico al 1º de julio de 1976.

Se aprueba la iniciativa de la Comisión Ejecutiva de fijar a 10 francos por afiliado por Congreso y recomienda a los miembros del interior el que ayuden en lo posible a los gastos de dicho Congreso.

Al propio tiempo, recordamos a los compañeros delegados que algunas secciones no cumplimentaron el acuerdo tomado en el XII Congreso de contribuir con una cuota extraordinaria de 10 francos por afiliado y encarecemos a los miembros de la

Ejecutiva el que haga lo necesario para que en esta ocasión la paguen la totalidad de los afiliados.

FORMACIÓN DEL MILITANTE

La complejidad de la realidad política y social de la actualidad exige un alto nivel en la preparación de los militantes de nuestra Organización [para] que pueda dar respuesta a todas las cuestiones que tiene planteadas la clase trabajadora.

De una forma general y como líneas principales en este campo, se acuerda lo siguiente:

1º Potenciar los grupos de estudio en todas las secciones y federaciones.

2º En lo que se refiere al aspecto pedagógico; especializar a los compañeros que se ocupan de la formación y de la participación en los cursillos.

En consecuencia, llegar a una programación gradual de la formación, fijando fechas, temas, etc., y crear un material básico que sirva para la documentación de los grupos.

3º Que la Secretaría de Formación del militante recoja y estudie todas las proposiciones presentadas al Congreso por las Federaciones referentes a este tema, con objeto de que se divulguen a través de los cuadernos.

4º Se distinguen los siguientes cursillos:

a) cursillos de **captación**. En ellos se dará a conocer la línea y la política del Partido, para informar a nuevos miembros o simpatizantes.

b) cursillos de **formación**. A distintos niveles. En ellos se propiciará una discusión orientada a la práctica y a dar contenido y organizar la lucha de la clase trabajadora.

c) cursillos de **especialización**. En ellos se capacitará a los militantes en técnicas determinadas: sindicalismo, periodismo, creación de comités, etc.

5º Los responsables de la formación deben poner especial cuidado en enviar a los cursillos compañeros que tengan el mismo nivel para que se expliquen los programas que estén a su alcance.

6º La Secretaría Nacional creará un equipo de formación que se encargue de:

a) Conseguir mejor coordinación entre los responsables de formación dando ejecución a los acuerdos de esta ponencia.

b) Celebrar reuniones periódicas entre los compañeros encargados de la formación, para cambiar impresiones y orientar el trabajo en función de las necesidades.

7º Se pone en conocimiento del Congreso que estas líneas generales de actuación de la misión de la comisión de la formación del militante, no podrán llevarse a cabo si no se dota a los grupos de estudio y a la Secretaría de Organización de los medios necesarios que requiere la realización de las ideas expuestas anteriormente.

8º Por último, consideramos que la nominación de Secretaría de Formación del Militante no refleja el contenido de su función, y proponemos que se le denomine Secretaría de Formación y Estudio.

VARIOS

1º Considerando la explotación a la que con características peculiares, se encuentra sometida la mujer en nuestro país, el P.S.O.E. reafirma la igualdad de ambos sexos y el apoyo a toda lucha orientada a conseguir una auténtica igualdad de condiciones sociales en las que deben desenvolverse personas cuyas diferencias son estrictamente artificiosas y creadas por una sociedad burguesa.

2º El P.S.O.E. declara una vez más, que no debe de haber ninguna discriminación entre los inválidos y mutilados de guerra y que todos deben percibir las mismas indemnizaciones correspondientes.

3° Proponemos que se haga o se ponga en práctica toda ayuda moral posible para lograr la Federación de Juventudes que todos deseamos.

4° El P.S.O.E. debe determinar una línea objetiva y eficaz cara a nuestra emigración tanto interna como externa y debe establecer en los diferentes países de inmigración lazos orgánicos con los partidos hermanos sobre el planteamiento de determinadas reivindicaciones sociales, culturales y cívicas. No debemos pues dejar a otros la defensa de los derechos de los emigrantes[113].

Para ello se esforzará en defender:

a) El sufragio de todo organismo de defensa de la clase trabajadora dentro de la empresa.

b) Igualdad de condiciones laborales y de coberturas sociales sin discriminación.

c) Dotación de alojamientos dignos, no discriminados geográficamente, que permitan la real convivencia.

d) Integración escolar, previa la necesaria labor proletaria, en todos los grados educativos con expresa condena de segregación clasista o nacionalista, tanto realizada por el país de origen o por el de residencia. Ello ha de verse complementado por el respeto, cuidado, fomento y desarrollo de su lengua, cultura e idiosincrasia con la administración del sistema educativo general del país receptor.

e) Política de protección a la reagrupación familiar sin discriminación de los parientes próximos y necesitados por cuestiones de edad o de salud mental.

f) Reforma de los sistemas legislativos, tendente a la dotación de garantías reales que asegura la estancia voluntaria de los

---

[113] Este punto 4° de la ponencia de Varios se difundió posteriormente con el título de "Resolución sobre la Emigración".

emigrantes sin quedar sujetos a situaciones arbitrarias que permitan su expulsión injustificada.

g) Reconocimiento de cuantos derechos, sancionados en las respectivas constituciones, se otorguen a los nativos.

h) Expresa protección de los emigrantes por sus actividades sindicales o políticas realizadas en el país de trabajo frente a represalias de las autoridades del país de origen.

i) Propulsión de los medios de comunicación social en lenguas vernáculas que les permitan una información real completa y una formación plena y no manipulada en ningún aspecto.

j) El P.S.O.E. de común acuerdo con la U.G.T. y con las centrales sindicales de los países respectivos, con el apoyo de los partidos de izquierda, luchará por conseguir que los trabajadores emigrados tengan los mismos derechos políticos y sindicales que los nativos. Cuando estos lleven más de un año residiendo en el país, si los trabajadores emigrados, tienen deberes a cumplir, es lógico que también tengan derechos y esos derechos son, los que tienen los obreros nativos.

Saludos Socialistas,   POR LA C.E.   Primer Secretario

Fuente: Archivo Exilio P.S.O.E. (AE-707-4)

13. Por la libertad, por el socialismo

A la hora de hacer un balance de la significación de nuestro XIII Congreso tendríamos que distinguir dos planos en los que hemos puesto el mayor esfuerzo: de una parte, desde el punto de vista de la estrategia política que el Partido se ha marcado para el futuro inmediato, y de otro, las realizaciones en el plano organizativo.

En cuanto a la estrategia política, esta se ha basado en el análisis que hace el Partido de la situación sociopolítica actual de España. Creemos que la crisis económica es un factor determinante en la crisis del Régimen. Este deterioro tiene una justificación internacional pero también nacional, por cuanto que las instituciones políticas nacidas del 18 de julio no permiten el establecimiento de sistema de producción adecuado, lo que obstaculiza a la propia burguesía para defender sus intereses actualmente.

Esta crisis económica va unida a una profunda crisis de carácter netamente político que nace fundamentalmente con la muerte de Carrero y que se agudiza de forma extraordinaria con la enfermedad de Franco y la crisis de poder que esta enfermedad crea.

Coadyuva a la agudización de la crisis el despegue observado de la Iglesia, sobre todo del clero bajo, y algún sector de la jerarquía, en relación con el Régimen, y una nueva actitud del Ejército que parece dispuesto a propiciar una salida democrática para la situación presente, aunque tal vez no sea todavía consciente de que el menor trauma para el país lo ocasionaría un cambio profundo de las instituciones políticas, más que un intento irrealizable de hacer evolucionar instituciones cerradas nacidas de un enfrentamiento armado. Es decir, que comprendiera que dado el carácter cerrado de la legislación fundamental nacida del Régimen del 18 de julio, estas instituciones no permiten un desarrollo de las mismas hacia la democracia. Por ejemplo, es impensable una "apertura sindical" puesto que no puede haber transición entre un sindicato corporativista y dependiente del Estado e integrando en la misma estructura a patronos y obreros, y un sindicato libre que agrupe a los trabajadores con independencia de la patronal y del propio Estado.

A nuestro juicio el problema está en la propia esencia de las instituciones, que no les permite pasar de sus estructuras fascistas a una estructura que comprenda las libertades democráticas. Es por consiguiente imprescindible la liquidación total de las instituciones fascistas como medida inexcusable para pasar a una situación de democracia.

En base a ello, el Partido se reafirma en la tarea de potenciar los movimientos populares, las luchas de la clase trabajadora, y paralelamente preparar un cierto acuerdo con el resto de las fuerzas antifranquistas, que, tomando como base a las fuerzas de la izquierda, pero alcanzando a todas las que deseen la implantación de la democracia, haga posible la recuperación de la soberanía popular.

El Congreso se declaró totalmente contrario a la participación del Partido en cualquier tipo de operación "evolucionista" o "transformista" que se pretende por el Régimen, o cualquier otra que limite la plena recuperación de las libertades y los derechos del pueblo.

Durante los últimos años se ha podido constatar la gran potencialidad del movimiento socialista en España: esto hace pensar que esta corriente va a ser en gran medida la clave del cambio político y la garantía del futuro democrático en España. Por ello, nos parece fundamental la tarea de reagrupamiento socialista iniciada por el Partido en la Conferencia socialista Ibérica, que tiende a estructurar ese movimiento socialista que se proyecta en el futuro como alternativa en el seno de la democracia.

Teniendo en cuenta la magnitud de la tarea que hemos propuesto y el momento histórico por el que atraviesa nuestro país, el Partido se ha dotado de instrumentos válidos a nivel organizativo para llevar a cabo esta tarea. Así, en una línea de recuperación de atribuciones y facultades directivas, que viene ya del Congreso de 1970, se ha transferido toda la responsabilidad de dirección al interior.

Cabría también destacar, en el plano de las relaciones internacionales, la gran muestra de solidaridad dada por los Partidos Socialistas europeos, la presencia de una delegación de la Internacional Socialista, el discurso de François Mitterrand, primer secretario del Partido Socialista francés, que curiosamente ofreció el apoyo de su Partido a la tarea del PSOE, la presencia entusiásticamente acogida del Secretario General del Partido Socialista chileno, Carlos Altamirano, que parangonó la situación de Chile de septiembre de 1973 con la de España de julio de 1936, y finalmente el cordial saludo de los socialistas portugueses, como expresión del aislamiento de la última de las dictaduras.

Fuente: Editorial de *El Socialista* (Segunda quincena octubre 1974)

Índice onomástico